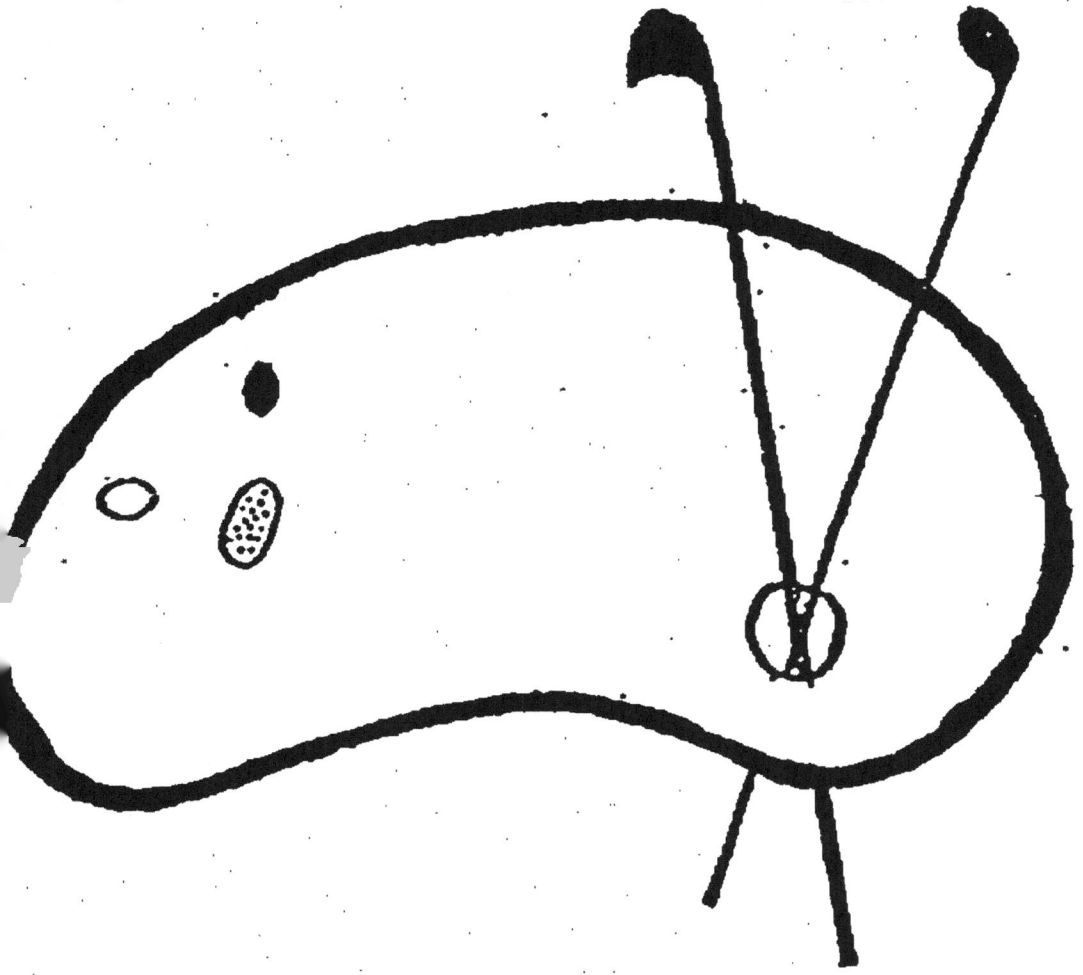

DEBUT D'UNE SERIE DE DOCUMENTS
EN COULEUR

292

MALEBRANCHE

DE LA

RECHERCHE DE LA VÉRITÉ

LIVRE SECOND

ÉDITION CLASSIQUE
ACCOMPAGNÉE DE NOTES HISTORIQUES, PHILOSOPHIQUES
ET PHILOLOGIQUES
PRÉCÉDÉE D'UNE ÉTUDE PRÉLIMINAIRE

PAR LE R. P. LARGENT

PRÊTRE DE L'ORATOIRE

PARIS

LIBRAIRIE POUSSIELGUE FRÈRES

RUE CASSETTE, 15

1886

CLASSIQUES DE L'ALLIANCE DES MAISONS D'ÉDUCATION CHRÉTIENNE

PHILOSOPHIE

Histoire de la philosophie, conforme au programme, par le R. P. REGNAULT. In-8°. . . . 2 »

Cours de philosophie, conforme au programme, par le R. P. REGNAULT. In-8°. . . . 5 »

Notions de philosophie, éd. conforme au programme du baccal. ès sciences, par le R. P. REGNAULT. In-8°. 1 75

Éléments de philosophie, par M. de PERRETI. In-12.

Précis de l'histoire de la philosophie, conforme au programme, par M. l'abbé P. JANUIS. Grand in-18.

Cours de législation usuelle, par M. Fernand PAULMIER. Grand in-18. . . . 2 75

AUTEURS FRANÇAIS

Bossuet. — De la Connaissance de Dieu et de soi-même. Métaphysique ou Traité des causes, par M. l'abbé J. MARTIN. Gr. in-18. . . . 2 »

Condillac. — Traité des sensations (livre I), par M. l'abbé DRIOUX. Gr. in-18. . . . 1 40

Descartes. — Discours de la méthode, pour bien conduire sa raison et chercher la vérité dans les sciences, avec une étude sur la philosophie de Descartes et des notes, par M. l'abbé J. MARTIN. Gr. in-18. . . . 1 »

Descartes. — Première Méditation, avec une notice biographique, une étude sur la philosophie de Descartes et sur les six Méditations, par M. l'abbé J. MARTIN. Gr. in-18. . . . » 60

Descartes. — Les Principes de la philosophie (livre I), par M. l'abbé DRIOUX. Gr. in-18. . . . 1 50

Fénelon. — Traité de l'existence de Dieu et de ses attributs, avec une notice et une étude sur la philosophie de Fénelon, par M. l'abbé J. MARTIN. Gr. in-18. . . . 1 50

Leibniz. — La Monadologie, précédée d'une notice biographique sur Leibniz, sur ses travaux, sur ses ouvrages, et d'une importante étude sur sa doctrine, par M. l'abbé J. MARTIN. Gr. in-18. . . . 1 25

Leibniz. — Nouveaux Essais sur l'entendement humain, avant-propos et livre I. (En préparation.)

Pascal. — Opuscules philosophiques. De l'Esprit géométrique, de l'Art de persuader, de l'Autorité en matière de philosophie; Entretien avec M. de Sacy sur Épictète et Montaigne, par M. l'abbé VIALARD. Gr. in-18 broché. . . . » 75

AUTEURS LATINS

Cicéron. — De Natura deorum (livre II). (En préparation.)

Cicéron. — De Officiis (livre I). (En préparation.)

Cicéron. — De Legibus (liv. I), par un prof. de philosophie. Gr. in-18. » 75

Cicéron. — Des Lois. Traduction française, par un professeur de philosophie. Gr. in-18. . . . » 75

Sénèque. — Lettres à Lucilius. Les seize premières, par M. l'abbé BREGNIER, licencié ès lettres. (Sous presse.)

Sénèque. — De Vita beata, par un professeur de philosophie. Grand in-18. . . . 75

Sénèque. — De la Vie heureuse. Traduction française. Gr. in-18. » 75

AUTEURS GRECS

Aristote. — La Morale à Nicomaque (livre VIII), par M. l'abbé J. MARTIN. Grand in-18. . . . 1 »

Aristote. — Éthique à Nicomaque (livre X), par M. VÉRIN. Grand in-18. . . . » 60

Aristote. — Éthique à Nicomaque (livre X). Traduction, par M. VÉRIN. Gr. in-18. . . . 1 25

Épictète (Manuel d'). Texte grec. (En préparation.)

Épictète (Manuel d'). Nouvelle trad. avec une étude sur le stoïcisme et des notes, par M. l'abbé A. JULIEN. Grand in-18. . . . 1 »

Platon. — Apologie de Socrate, revu et annoté par M. l'abbé MAUXOUBY. Gr. in-18. . . . » 60

Platon. — La République (livre VI), par M. ANNAUD.

Platon. — La République (livre VI). Traduction mot à mot et traduction française correcte.

Platon. — La République (liv. VIII), par M. l'abbé J. MARTIN. Grand in-18. . . . 1 40

Xénophon. — Entretiens mémorables de Socrate (livre I), par M. l'abbé QUENTIRE. Gr. in-18. » 60

17100. — Tours, impr. Mame.

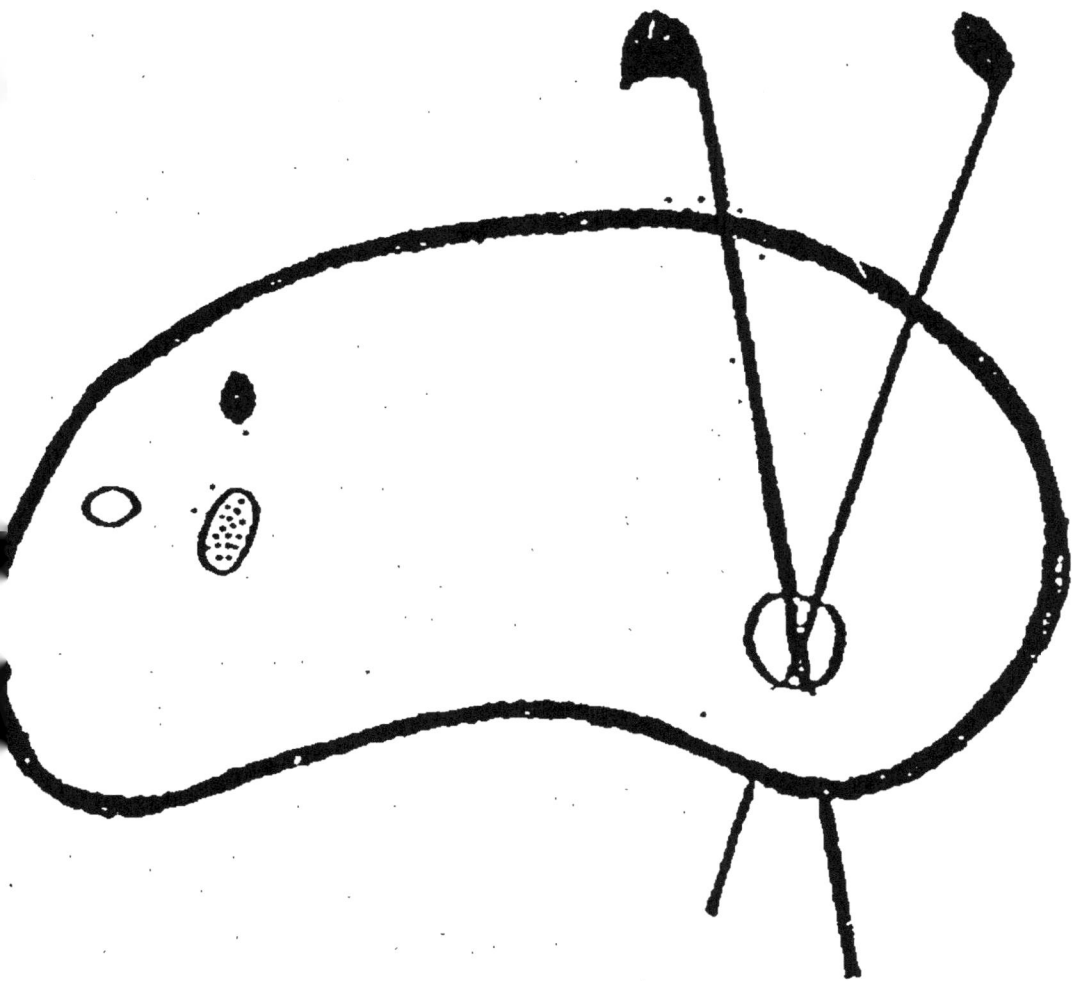

FIN D'UNE SERIE DE DOCUMENTS
EN COULEUR

MALEBRANCHE

DE LA

RECHERCHE DE LA VÉRITÉ

LIVRE SECOND

a

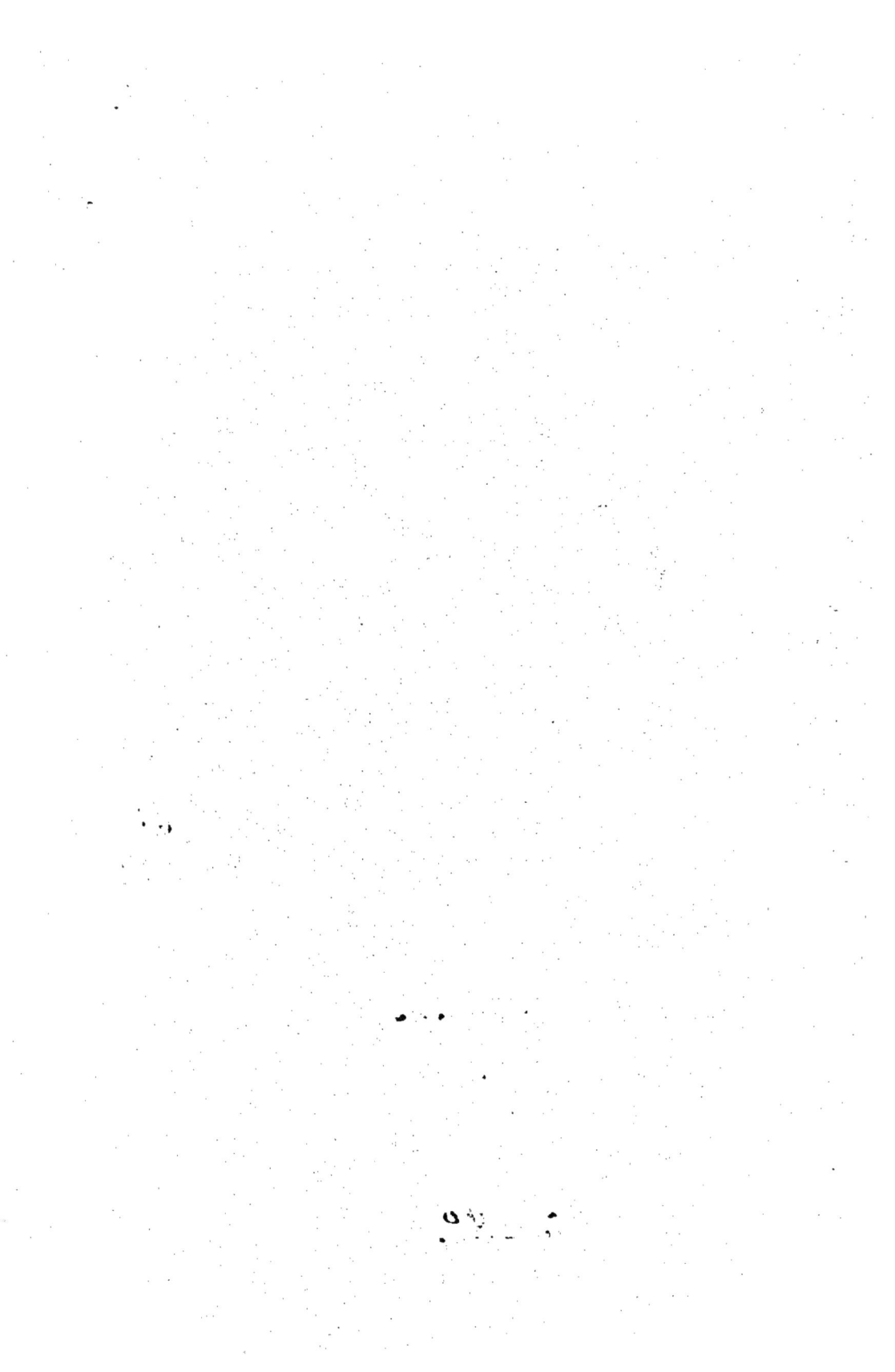

ALLIANCE DES MAISONS D'ÉDUCATION CHRÉTIENNE

MALEBRANCHE

DE LA

RECHERCHE DE LA VÉRITÉ

LIVRE SECOND

ÉDITION CLASSIQUE

ACCOMPAGNÉE DE NOTES HISTORIQUES, PHILOSOPHIQUES
ET PHILOLOGIQUES

PRÉCÉDÉE D'UNE ÉTUDE PRÉLIMINAIRE

PAR LE R. P. LARGENT

PRÊTRE DE L'ORATOIRE

PARIS

LIBRAIRIE POUSSIELGUE FRÈRES

RUE CASSETTE, 15

—

1886

INTRODUCTION

§ I. — VIE DE MALEBRANCHE

Nicolas Malebranche, dernier venu d'une famille de dix[1] enfants, naquit à Paris le 5 août 1638, de Nicolas Malebranche, mort secrétaire du roi, en 1658, et de Catherine de Lauzon, femme distinguée et pieuse, qui était parente de Mme Acarie. D'une constitution maladive, il demeura au logis plus longtemps que ses frères, et, d'après le P. André, son admirateur et son biographe, il fut redevable au commerce maternel de l'élégance simple et exquise de son langage. A seize ans, il étudia la philosophie au collège de la Marche, sous un péripatéticien ; un peu plus tard, il faisait, en Sorbonne, son cours de théologie ; et, après avoir refusé un canonicat de Notre-Dame qui lui était offert, il entrait, le 21 janvier 1660, au noviciat de l'Oratoire. En 1664, il était ordonné prêtre par l'évêque de Dax.

C'est à l'Oratoire, dans une cellule modeste où un document publié naguère nous a introduits[2], que Malebranche, durant plus de cinquante ans, devait mener une vie labo-

[1] Treize d'après André.

[2] *La mort, le testament et l'héritage de Malebranche*, par le P. Ingold, de l'Oratoire. Paris, Poussielgue, 1884. Malebranche sortit de cette cellule en 1685, pour prendre part aux missions que l'Oratoire était chargé de donner à Dieppe aux protestants.

rieuse, recueillie malgré d'incessantes controverses, humble et cachée en dépit d'une renommée toujours grandissante. Fut-il apprécié tout d'abord à sa juste valeur? Des notes retrouvées par M. A. Bernus [1] permettent d'en douter. « Esprit médiocre, craintif [2] et pieux; jugé propre (à être reçu), » écrivaient de lui ses examinateurs en janvier 1661. Le P. Lecointe [3] lui fit lire les historiens de l'Église; Richard Simon [4] lui enseigna l'hébreu et le syriaque. Quelque dédain que Malebranche dût exprimer plus tard pour des connaissances de ce genre [5], il ne paraît pas que ses maîtres aient perdu entièrement leur peine [6]; mais ses attraits le portaient ailleurs. Un jour de 1664, chez un libraire, il ouvrit le *Traité de l'homme*, de Descartes; « il se mit à feuilleter le livre, dit Fontenelle, et fut frappé comme d'une lumière qui en sortit toute nouvelle à ses yeux... Il acheta le livre, le lut avec empressement, et, ce qu'on aura peut-être peine à croire, avec un tel transport, qu'il lui en prenait des battements de cœur qui l'obligeaient quelquefois d'interrompre sa lecture [7]. » A partir de ce moment, Malebranche se connaissait lui-même; il avait

---

[1] *Richard Simon et son histoire critique du Vieux Testament*, 1869.

[2] Le document cité par M. Bernus porte *boutif*, mot que l'on chercherait en vain dans les dictionnaires.

[3] Charles Lecointe, né à Troyes, en 1611, mort à Paris, en 1681, auteur des *Annales ecclesiastici Francorum* (8 vol. in-f°). Il accompagna à Munster et aida beaucoup de ses lumières Servien, l'un des négociateurs du traité de Wesphalie.

[4] Richard Simon, né à Dieppe en 1638, y mourut en 1712. Il avait quitté l'Oratoire après l'éclat que fit son *Histoire critique du Vieux Testament*. Doué d'une rare perspicacité et d'une érudition immense, il a amoindri par ses témérités les services dont la critique scripturaire lui est redevable.

[5] « ... Après avoir conçu quelque bonne opinion de moi par les entretiens que j'avais souvent avec lui sur la métaphysique, il (le P. Malebranche) la perdit presque en un moment, à la vue d'un Thucydide qu'il trouva entre mes mains, non sans une espèce de scandale philosophique. » (D'AGUESSEAU, *II⁰ Instruction sur les études propres à former un magistrat. Étude de l'histoire.*)

[6] « Pour ce qui regarde le R. P. Malebranche, vous ne sauriez trouver un homme dont l'humeur vous revienne davantage; car, sans parler de sa condition, il est très entendu dans l'hébreu, le syriaque, etc. » (Lettre du P. Poisson au P. Daniel, récollet, citée, d'après le manuscrit d'Adry, par M. Blampignon, *Étude sur Malebranche, Vie privée de Malebranche.*)

[7] *Éloge de Malebranche.*

découvert la voie, couronnée de hauteurs et bordée d'abîmes, où, au risque de s'égarer, son génie allait s'élancer.

Malebranche lut les autres ouvrages de Descartes, et, pour bien comprendre le maître qu'il s'était donné, il apprit les mathématiques, dans lesquelles il excella bientôt[1]. La *Recherche de la vérité* fut le premier fruit des méditations auxquelles Descartes l'avait initié; sans cesse retravaillée et augmentée, elle a été, à vrai dire, l'œuvre de toute la vie de Malebranche. Le premier volume, qui renfermait les trois premiers livres (*des sens; de l'imagination; de l'esprit pur*), parut en 1674; l'année suivante, l'auteur donnait le second volume (*des inclinations; des passions; de la méthode*). Des éditions successives (il y en eut six du vivant de Malebranche) continrent les éclaircissements et les réponses aux critiques dont l'ouvrage avait été l'objet.

Malgré ces critiques, le succès de la *Recherche* fut considérable, et s'attesta par des traductions en italien, en espagnol, en anglais, en hollandais et en latin[2]. Désormais Malebranche ne cessa plus d'écrire, pour exposer ou pour défendre ses doctrines philosophiques et théologiques. Les *Conversations chrétiennes*, composées à la prière du duc de Chevreuse, furent publiées en 1676; elles furent suivies, l'année suivante, des *Méditations sur l'humilité et la pénitence*. Les *Conversations chrétiennes* furent entre Malebranche et Arnauld[3] le signal d'un

---

[1] Lui-même édita l'*Analyse des infiniment petits*, du marquis de l'Hospital : « C'est de la plus fine géométrie, » a-t-il dit. (Lettre du 18 février 1696 dans l'*Étude*, etc., de M. Blampignon, p. 19.) La physique, l'histoire naturelle, l'astronomie, l'attiraient beaucoup aussi. Malebranche entra à l'Académie des sciences en 1699.

[2] La traduction latine, œuvre du ministre réfugié Lenfant, a été mise à l'index par décret du 4 mars 1709.

[3] Antoine Arnauld, né à Paris le 16 février 1612, mort à Liège le 6 août 1694. Théologien et philosophe, il remplit le XVIIe siècle d'une renommée qui ne s'est pas maintenue au degré où l'engouement et l'esprit de parti l'avaient portée. Esprit éminent, quoique inférieur aux plus grands, il consuma dans la défense de l'hérésie janséniste des dons rares qui eussent puissamment servi la cause de la vérité. Dans sa vieillesse, il écrivit contre Malebranche le *Traité des vraies et des fausses idées* (1680). Il avait composé, avec Nicole et Lancelot, la *Grammaire* (1660) et la *Logique de Port-Royal* (1661), et, contre les calvinistes, nombre d'ouvrages de controverse dont le plus important

dissentiment et d'une controverse que le *Traité de la nature et de la grâce* (1680) allait aggraver. Arnauld ne fut pas seul à s'effrayer des hardiesses théologiques de Malebranche; Bossuet les caractérisa en trois mots: *pulchra, nova, falsa* (ne sont-elles pas plus étranges que belles?) et eut avec l'auteur un entretien où l'on ne parvint pas à s'entendre; enfin, en 1690, le *Traité de la nature et de la grâce*, dénoncé par Arnauld, fut mis à l'index.

Le génie de Malebranche ne s'épuisait ni ne se lassait. Les *Méditations chrétiennes*, où, dit Fontenelle, « l'auteur a su répandre un certain sombre auguste et mystérieux, » et le *Traité de morale* furent publiés en 1683. Les *Entretiens sur la métaphysique et sur la religion*, si admirés de d'Aguesseau [1], mais que des audaces trop familières à l'auteur désignaient aux censures de l'index [2], parurent en 1688; l'édition de 1696 renferme trois *Entretiens sur la mort*, où se rencontrent d'une manière saisissante l'onction qui attendrit les plus belles pages de Malebranche, et, sous la forme la moins attrayante et la moins persuasive, l'exposition des idées systématiques qui sont propres à ce rare et téméraire esprit.

Le *Traité de l'amour de Dieu* (1697) intervint, sans la décider, dans la controverse quiétiste, réservée au jugement d'une autorité plus haute; et, en 1708, l'*Entretien d'un philosophe chrétien et d'un philosophe chinois sur l'existence et la nature de Dieu*, répondit à la demande de M. de Lionne, évêque de Rosalie, et missionnaire en Chine, qui avait sollicité pour ses collaborateurs, dans leurs disputes avec les mandarins, l'aide du métaphysicien français.

La philosophie et la renommée de Malebranche avaient franchi les limites de l'Europe; dans sa patrie, l'oratorien vieillissant goûtait une paix que l'écho des anciennes querelles ne venait pas troubler. Toute contradiction n'avait pas fait silence; l'*Entretien* composé pour l'évêque de Rosalie avait

---

et le plus célèbre est la *Perpétuité de la foi de l'Église catholique touchant l'Eucharistie*, écrit de concert avec le docte Renaudot.

[1] *Instructions sur les études propres à former un magistrat. IVᵉ Instruction.*

[2] Décret du 15 janvier 1714. Ce même décret condamne aussi la première partie du *Traité de morale.*

prêté aux graves critiques du P. de Tournemine[1]; les manuscrits de Fénelon gardaient cette *Réfutation* écrite autrefois sous les yeux de Bossuet et qui ne devait être publiée qu'en notre siècle[2]; dans l'intimité d'une correspondance privée, Dortous de Mairan[3] pressait Malebranche de le sauver des conséquences spinozistes qu'il croyait découvrir dans ses principes. Cependant des amitiés, les unes illustres, les autres plus modestes, mais toutes ardemment dévouées[4]; des admirations enthousiastes, parmi lesquelles celle du P. André[5] apparaît tout d'abord, environnaient le vieillard et lui faisaient entendre les premiers bruits de la gloire.

Malebranche était trop sincèrement pieux pour s'y complaire. « C'était, a dit un de ses premiers biographes[6], un exemple

---

[1] Le P. de Tournemine, jésuite, né à Rennes en 1661, mort en 1739; auteur d'écrits estimés sur l'Écriture, l'histoire, les mathématiques et la philosophie. « Ses ouvrages philosophiques, dit V. Cousin, sont de petites dissertations éparses dans les *Mémoires de Trévoux*, et qui mériteraient d'être rassemblées. »

[2] *Réfutation du système du P. Malebranche sur la nature et la grâce*, publié intégralement pour la première fois en 1820 par M. Gosselin.

[3] Mathématicien, physicien et écrivain distingué, né à Béziers en 1678, mort en 1771. La correspondance de Mairan et de Malebranche a été publiée pour la première fois en 1841 par M. Feuillet de Conches.

[4] Les cardinaux de Bouillon et de Polignac (ce dernier profita, pour son poème l'*Anti-Lucrèce*, des critiques de Malebranche), le bénédictin François Lami, l'abbé de Rancé, les ducs de la Force et de Chevreuse, les marquis d'Allemans et de l'Hospital, le géomètre Carré, qui avait été son secrétaire, et qui, en 1697, entra à l'Académie des sciences; Prestet, qui, de domes-

tique de Malebranche, devint oratorien et fut dirigé par son maître vers l'étude des mathématiques. Condé reçut à Chantilly le métaphysicien à qui son pénétrant esprit donnait la réplique; la correspondante et l'amie de Descartes, la princesse palatine Élisabeth, suggéra à Malebranche l'idée de son *Traité de morale*, et le roi d'Angleterre, Jacques II, le visita dans sa cellule.

[5] Jésuite célèbre, né à Châteaulin en 1675, mort à Caen en 1764. Philosophe et écrivain d'un rare talent, auteur d'un traité d'esthétique où, comme l'a dit M. Ollé-Laprune « la métaphysique de Malebranche, la première en France, fait la métaphysique du beau ». André a écrit de son maître une *Vie* que l'on a longtemps crue perdue, et que le P. Ingold vient de publier. Un zèle immodéré pour les idées et pour la gloire de Malebranche a parfois dicté au biographe des jugements que la vérité et la justice ne ratifieront pas.

[6] Le P. Cloyseault. *Recueil des vies de quelques Pères de l'Oratoire*, publié par le P. Ingold, t. III, p. 344.

vivant de toutes les vertus. Vivement pénétré de sa religion, on le voyait à la prière, à la célébration du saint sacrifice et aux autres fonctions saintes, dans un recueillement et une application à Dieu qui édifiaient tous ceux qui en étaient témoins... Il a reçu dans sa vie plusieurs visites de personnes savantes et d'esprit des pays étrangers, d'Angleterre, de Hollande, d'Allemagne et même de Pologne, qui, après avoir lu ses ouvrages, lui ont déclaré être venus exprès à Paris pour avoir l'honneur de le voir, comme le plus savant homme de leur siècle... Ce qui aurait donné à tout autre d'étranges mouvements de vanité ou de complaisance ne faisait pas la moindre impression sur lui. »

Son désintéressement égalait ses autres vertus. Il se dépouillait peu à peu de sa modeste fortune. En 1703, renonçant à la succession d'un de ses frères, mort sans enfants, il écrivait ces touchantes paroles, dont trop peu de vieillards s'inspirent : « J'ai assez de viatique pour le chemin qui me reste à faire[1]. »

Cette piété puisait-elle ses racines dans une irréprochable orthodoxie? Malebranche, comme tout l'Oratoire de la rue Saint-Honoré, avait souscrit le formulaire d'Alexandre VII contre le jansénisme (1661); est-il vrai que plus tard, le 15 juillet 1673, pris d'un étrange scrupule dont une doctrine plus exacte et une plus humble docilité l'eussent garanti, il rétracta son adhésion par un acte qui ne fut pas rendu public? Le motif de cette rétractation aurait été que Malebranche « avait signé des faits dont il n'était point persuadé, et qui lui paraissaient au moins fort douteux et fort incertains ». A cette époque de sa vie, Malebranche aurait donc eu le tort grave de ne croire pas l'Église infaillible dans les *faits dogmatiques*, c'est-à-dire dans les faits essentiellement liés au dogme, par exemple dans l'attribution de telle proposition erronée qu'elle condamne à un livre d'où elle déclare cette proposition extraite. Mais cette rétractation, qui n'a jamais été alléguée du vivant de Malebranche, a quelque peu l'air d'un document apocryphe [2]. D'ailleurs, eût-il donné dans l'erreur,

---

[1] Lettre du 23 février 1703.
[2] P. Ingold, *la Vie du R. P. Ma-* *lebranche, par le P. André*, Introduction.

Malebranche n'y resta point. Dans sa *Réponse au livre des vraies et des fausses idées d'Arnauld*, il s'explique nettement sur « ceux qui ont troublé la paix de l'Église par leurs contestations indiscrètes [1] ». Il ne se défend point d'avoir dit « quelquefois seulement à quelques amis, que ce que MM. de Port-Royal avaient écrit sur la grâce était un galimatias où l'on ne pouvait rien comprendre [2] ». Enfin, s'en prenant à l'évêque d'Ypres lui-même : « ... Jansénius, écrivait-il, est un bon témoin, aussi bien que quelques autres, qu'il est plus facile et plus sûr de s'instruire, par exemple, des dogmes de la grâce dans le concile de Trente, que dans les ouvrages de saint Augustin [3]. » La mort trouva Malebranche presque les armes à la main, aux prises avec le janséniste Boursier [4]. Dans ses *Réflexions sur la prémotion physique* (1715), où il déploie encore une si fine ironie, je lis à la page 8 ces lignes décisives : « ... Le sentiment de l'auteur sur l'efficacité de la grâce est contraire au concile de Trente et aux constitutions qui condamnent les cinq fameuses propositions. »

Malebranche était dans sa soixante-dix-septième année. Au sortir d'une grave maladie, il avait placé dans la bouche d'un interlocuteur de ses *Entretiens sur la mort* ces paroles sereines : « La mort n'est tout à fait terrible qu'à ceux qui ne la connaissent point... Familiarisez-vous avec elle. Vous verrez peu à peu qu'elle s'apprivoisera avec vous [5]. » Le religieux penseur n'avait pas attendu le déclin de l'âge pour se *familiariser* avec la mort et pour se préparer à sa visite. Atteint, le 17 juin 1715, près de Villeneuve-Saint-Georges, chez le président de Metz, son parent, du mal qui devait l'enlever, et ramené à Paris, il languit durant plusieurs mois, en proie à d'intolérables souffrances. Mais, dans l'infirmerie commune où il avait voulu être transporté, un autel était dressé, et le prêtre mourant pouvait y monter en esprit et s'unir chaque matin à la victime

---

[1] *Réponse*, etc., ch. 1er.

[2] *Réponse*, etc., ch. 1er.

[3] *Réponse*, etc., ch. III. Il aurait fallu ajouter : « Dans les ouvrages de saint Augustin expliqués par les jansénistes. »

[4] Boursier, docteur de Sorbonne, janséniste, auteur du livre : *Action de Dieu sur les créatures* (1713), que Malebranche combattit.

[5] *II° Entretien sur la mort.*

qu'on y offrait. C'est dans ce bienfaisant et surnaturel commerce qu'il s'éteignit, le 13 octobre de cette année qui avait vu disparaître Fénelon et Louis XIV.

§ II. — DOCTRINE DE MALEBRANCHE

Malebranche est disciple de Descartes; mais il l'est avec l'originalité d'un maître. Tous deux veulent, comme on l'a dit, ramener la pensée à elle-même, pour ne raisonner que sur des idées claires et évidentes; « mais Descartes se recueille en savant, Malebranche en homme qui va faire oraison[1]. » Pour ce dernier, l'attention est plus que le nécessaire effort d'un esprit qui cherche le vrai; c'est « la prière naturelle que l'esprit... doit faire à la vérité intérieure, afin qu'il reçoive la lumière et l'intelligence[2] ». Le doute méthodique lui-même revêt chez Malebranche un caractère religieux : il a pour but d'arrêter la confuse rumeur des opinions vaines et d'assurer à Dieu le droit d'être écouté. De même, si Malebranche se défie des sens et de l'imagination, ce n'est point seulement par scrupule philosophique. Chrétien et prêtre, il sait quelle séduction les sens exercent et combien il importe de se dérober à leur empire. « ... Ceux qui mortifient incessamment l'activité de leurs sens, qui conservent avec soin la pureté de leur imagination, qui résistent courageusement aux mouvements de leurs passions; en un mot, ceux qui rompent tous les liens qui rendent les autres esclaves du corps et de la grandeur sensible, peuvent découvrir une infinité de vérités, et voir cette sagesse qui est cachée aux yeux de tous les vivants[3]. » Le charme même de certains spectacles lui semble peu favorable aux entretiens sérieux et aux méditations profondes; Malebranche craint de donner à ses *dialogues* les cadres gra-

---

[1] M. Ollé-Laprune, *la Philosophie de Malebranche*, Ire partie, ch. II.
[2] *Traité de la nature et de la grâce*, 1er discours, Ire part., art. IX.
[3] *Recherche de la vérité*, Xe Eclaircissement, 4e objection. *Réponse.*

cieux ou grandioses dans lesquels Platon et Joseph de Maistre
ont placé les leurs. « Il est nécessaire, dit Théodore au début
des *Entretiens sur la métaphysique,* que je quitte ces lieux
enchantés qui charment nos sens, et qui, par leur variété,
partagent trop un esprit tel que le mien. »

D'une inspiration plus religieuse que celle de Descartes, la
méthode de Malebranche préconise elle aussi le procédé géométrique. Que Malebranche se soit toujours astreint aux formes
des sciences exactes dont il fait un si magnifique éloge [1], c'est
ce dont Leibniz doutait avec raison; « mais, a dit M. Ollé-
Laprune, si la méthode des mathématiques consiste essentiellement à poser d'abord les principes dans les définitions et
puis à produire au dehors par la déduction les conséquences
que ces principes recèlent, Malebranche assurément se conforme à cette méthode dans sa métaphysique [2]. »

Rationnelle avant tout, la méthode de Malebranche n'exclut
pas l'expérience; elle ne lui fait cependant qu'une part insuffisante. Malebranche n'accorde aux faits de conscience qu'un
regard rapide; il hésite, il varie quand il s'agit de décider si
l'âme nous est connue par simple vue ou par sentiment inté-
rieur. « De toutes nos connaissances, la première, c'est l'existence de notre âme; toutes nos pensées en sont des démonstrations incontestables; car il n'y a rien de plus évident que ce qui
pense actuellement est actuellement quelque chose. Mais s'il
est facile de connaître l'existence de son âme, il n'est pas facile
d'en connaître l'essence et la nature. Si l'on veut savoir ce
qu'elle est, il faut surtout bien prendre garde à ne la pas confondre avec les choses auxquelles elle est unie. Si l'on doute,
si l'on veut, si l'on raisonne, il faut seulement croire que l'âme
est une chose qui doute, qui veut, qui raisonne, et rien davantage, pourvu qu'elle n'ait point éprouvé en elle d'autres propriétés; car on ne connaît son âme que par le sentiment inté-
rieur qu'on en a [3]. »

Sur un autre point, la méthode de Malebranche présente de
volontaires et essentielles lacunes. « Sources fécondes et iné-

---

[1] *Recherche de la vérité,* livre VI, part. Iʳᵉ, ch. IV et V.
[2] *La Philosophie de Malebranche,*

l. c.
[3] *Recherche de la vérité,* liv. VI part. II, ch. VI.

puisables d'égarements et d'illusions [1], » les sens et les facultés inférieures de l'âme lui inspirent une défiance qui mènerait aisément au scepticisme. Pour se convaincre de la réalité des corps, Descartes en avait appelé à la véracité divine ; c'est à la révélation surnaturelle que recourt Malebranche. « Dieu ne parle à l'esprit et ne l'oblige à croire qu'en deux manières : par l'expérience et par la foi. Je demeure d'accord que la foi oblige à croire qu'il y a des corps ; mais, pour l'évidence, il me semble qu'elle n'est point entière et que nous ne sommes point invinciblement portés à croire qu'il y ait quelque autre chose que Dieu et notre esprit [2]. » De là, la nécessité de la foi ; mais cette foi, dans l'ordre général de la Providence divine, a pour nécessaire condition un enseignement extérieur (*fides ex auditu*) [3] ; et Malebranche s'engage ainsi dans un inextricable cercle vicieux.

---

[1] *Recherche de la vérité*, liv. III, part. Iʳᵉ. *De l'entendement ou de l'esprit pur*, ch. 1ᵉʳ.

[2] *Recherche de la vérité*, VIᵉ Eclaircissement.

[3] Rom. x, 17. Dans son *VIᵉ Eclaircissement sur la Recherche de la vérité*, Malebranche a bien essayé de répondre à cette objection ; il reconnaît que le texte allégué « suppose des prophètes, des apôtres, une Ecriture sainte, des miracles. Mais, ajoute-t-il, si l'on y prend garde de près, on reconnaîtra que, quoiqu'on ne suppose que des apparences d'hommes, d'apôtres, d'Ecriture sainte, de miracles, etc., ce que nous avons appris par ces prétendues apparences est absolument incontestable, puisque, comme j'ai prouvé en plusieurs endroits de cet ouvrage, il n'y a que Dieu qui puisse représenter à l'esprit ces prétendues apparences, et que Dieu n'est point trompeur ; car la foi même suppose tout ceci. Or, dans l'apparence de l'Ecriture sainte et par les apparences des miracles, nous apprenons que Dieu a créé un ciel et une terre, que le Verbe s'est fait chair, et d'autres semblables vérités qui supposent l'existence d'un monde créé. Donc il est certain par la foi qu'il y a des corps, et toutes ces apparences deviennent par elle des réalités. » De deux choses l'une : ou la foi suppose la réalité objective de plusieurs phénomènes matériels, ou elle ne la suppose point. Dans le premier cas, la foi seule ne prouve pas la réalité objective de ces phénomènes, car il faut connaître ces phénomènes avant de faire un acte de foi. Dans le second cas, la foi sera elle aussi un phénomène purement subjectif ; la manifestation de la parole divine, sur laquelle la foi s'appuie, n'ayant aucune objectivité certaine, la foi, comme le reste, ne sera qu'illusion.

Il faut cependant le reconnaître, la certitude donnée par la perception des sens est singulièrement confirmée par la foi ; et si l'on avait à convaincre un adversaire qui,

En matière philosophique, l'autorité et la tradition ne sont rien pour le hardi penseur. « Il ne voulait savoir, dit Fontenelle citant ses propres paroles, que ce qu'Adam avait su. » La longue domination d'Aristote excite chez Malebranche une implacable rancune, et cet adversaire de l'érudition, toujours suspecte à ses yeux de quelque pédantisme, s'oublie ou s'amuse à citer en grec le Stagirite, comme pour le mieux railler. En revanche, et à raison même de son horreur pour des autorités qu'il juge illégitimes, il admire passionnément Descartes, sans toutefois jurer par toutes les paroles du maître, j'allais dire du libérateur. «Ceux qui liront les ouvrages de ce savant homme...[1], sentiront une secrète joie d'être nés dans un pays assez heureux pour nous délivrer de la peine d'aller chercher, dans les siècles passés, parmi les païens et dans les extrémités de la terre, parmi les barbares [2] ou les étrangers, un docteur pour nous instruire de la vérité, ou plutôt un moniteur assez fidèle pour nous disposer à en être instruits. » L'oratorien a-t-il eu tant à se louer de la direction que Descartes lui a imprimée? Descartes, qui admet presque la passivité universelle des êtres, qui, pour mieux rehausser la puissance créatrice, amoindrit l'être des substances créées, Descartes a précipité Malebranche sur une pente où celui-ci, d'ailleurs, glissait de lui-même. Sans doute, Malebranche connaissait saint Augustin, mais il ne songea point d'assez bonne heure à le choisir pour maître. Plus tard, il se réclama de lui, mais Descartes occupait déjà dans l'esprit de Malebranche la place dominante.

Dégagé des entraves, privé des secours qu'apporte la tradition, révoquant en doute le témoignage des sens, n'accordant pas à la connaissance de soi-même une valeur suffisamment scientifique, Malebranche, au risque de s'isoler et de s'affaiblir, s'enferme dans la sphère de l'évidence purement rationnelle. « On ne doit jamais donner un consentement entier qu'aux propositions qui paraissent si évidemment vraies, qu'on ne

---

tout en conservant la foi chrétienne, tomberait dans l'idéalisme, on lui opposerait le raisonnement de Malebranche comme un excellent argument *ad hominem.*

[1] *Recherche de la vérité,* liv. VI,

part. II, conclusion des trois derniers livres.

[2] Le Français, le Parisien du xviie siècle (et de tous les temps peut-être) se trahit dans ce dédain.

puisse le leur refuser sans sentir une peine intérieure et des reproches secrets de la raison, c'est-à-dire sans que l'on connaisse clairement qu'on ferait mauvais usage de sa liberté, si l'on ne voulait pas consentir [1]. » C'est le principe même de Descartes que pose Malebranche au début de ce sixième livre de la *Recherche*, lequel, comme on l'a justement remarqué [2], est « son discours de la méthode ». Sans contester absolument ce principe, Bossuet, dans une lettre célèbre, a signalé les périls que contient une formule trop peu précise. « ... Sous prétexte qu'il ne faut admettre que ce qu'on entend clairement, ce qui, réduit à certaines bornes, est très véritable, chacun se donne la liberté de dire : J'entends ceci et je n'entends pas cela ; et sur ce seul fondement on approuve et on rejette tout ce qu'on veut, sans songer qu'outre nos idées claires et distinctes il y en a de confuses et de générales, qui ne laissent pas d'enfermer des vérités si essentielles, qu'on renverserait tout en les niant [3]. »

D'ailleurs, Malebranche a-t-il toujours été fidèle à ce principe ? N'a-t-il pas pris pour des vérités incontestables, pour des réponses mêmes du Verbe divin, certaines assertions qu'une saine métaphysique, qu'une théologie exacte doivent rejeter ? C'est ce que l'examen de la doctrine de Malebranche va nous apprendre.

Cette doctrine aborde des sujets que Descartes avait évités. Toujours l'auteur du *Discours de la méthode* et des *Méditations* a mis à part les vérités de la foi ; il les respecte, il y adhère, mais il ne veut ni s'en aider ni les approfondir. « Bien loin d'arrêter volontiers sa pensée sur les dogmes propres au christianisme, il se borne, dans la métaphysique même, à deux ou trois points fondamentaux, les seuls qui importent à son dessein ; pour les autres questions si graves et si séduisantes, il les écarte [4]. » Malebranche dédaigne ces réserves prudentes ou timides ; les plus hauts problèmes de la théodicée l'attirent ;

---

[1] *Recherche de la vérité*, liv. VI, part. Ire, ch. Ier.

[2] M. Francisque Bouillier, de l'Institut, dans son *Introduction* à l'édition qu'il a donnée de la *Recherche*

de la vérité.

[3] Lettre à un disciple du P. Malebranche (21 mai 1687).

[4] M. Ollé-Laprune, *la Philosophie de Malebranche*, Ire part., ch. II.

et, hôte du monde surnaturel par ses constantes méditations comme par son baptême, il ne s'enferme pas dans les limites de la pure philosophie. Il se complaît donc à mettre en lumière les preuves rationnelles du christianisme; mais cela ne lui suffit point; il veut arriver à une certaine intelligence des dogmes. « Je fais de mon esprit, » dit, dans le *XIV* *Entretien sur la métaphysique*, Théodore, qui n'est autre que Malebranche lui-même, « le même usage que ceux qui étudient la physique. Je consulte, avec toute l'attention. dont je suis capable, l'idée que j'ai de mon sujet, telle que la foi me la propose. Je remonte toujours à ce qui me paraît de plus simple et de plus général, afin de trouver quelque lumière. Lorsque j'en trouve, je la contemple. Mais je ne la suis qu'autant qu'elle m'attire invinciblement par la force de son évidence. La moindre obscurité fait que je me rabats sur le dogme, qui, dans la crainte que j'ai de l'erreur, est et sera toujours inviolablement ma règle dans les questions qui regardent la foi. »

La philosophie de Malebranche est donc toute pénétrée de théologie; ce serait mal la connaître, et se livrer à un vain travail, que de tracer, entre la partie purement rationnelle et la partie théologique de la doctrine malebranchiste, des frontières souvent indécises, parfois illusoires. C'est par l'examen de la théologie de Malebranche que nous voulons commencer.

La fin que Dieu s'est assignée en créant le monde, la manière dont il le gouverne au point de vue surnaturel, les lois qui président à la distribution de la grâce, telles sont les questions que Malebranche se pose; il y répond à l'aide de quelques formules dont l'apparente simplicité l'a leurré, et qui sont devenues pour lui des axiomes. La sagesse de Dieu ordonne qu'il n'agisse que pour sa gloire. Mais quelles sont les exigences de la gloire de Dieu? « ... Un monde fini, un monde profane n'ayant rien de divin, il ne peut avoir de rapport à son action qui est divine... Dieu rend divin (le monde) par l'union d'une personne divine. Et par là il le relève infiniment, et reçoit de lui... cette première gloire [1], réchauffée, pour ainsi dire, d'un éclat infini [2]. » Malebranche, en présentant l'Incarnation

---

[1] Cette *première gloire* dont il avait été frustré par le péché d'Adam.

[2] *IX* *Entret. sur la métaphysique.*

du Verbe comme la condition nécessaire de la création, tombe dans l'optimisme théologique. Sans doute, Dieu ne peut agir que pour sa gloire; lorsqu'il agit au dehors, il manifeste toujours dans une certaine mesure quelqu'un de ses attributs, et surtout sa bonté; mais de cette vérité indéniable, il ne s'ensuit point qu'un monde que l'Incarnation ne consacrerait pas soit *indigne de l'action divine;* en d'autres termes, que l'action créatrice ne puisse choisir entre plusieurs possibles d'inégale perfection. Dans la périlleuse hypothèse de Malebranche, le nombre infini des possibles, qui a tant fatigué les esprits, se trouve réduit à l'unité; il n'y a de possible à Dieu, s'il veut créer, que le monde de l'Incarnation. Mais si Dieu, lorsqu'il crée, choisit toujours et nécessairement le meilleur, c'est, d'après Malebranche, en vertu d'une loi inviolable de sa nature; or cette loi invincible doit aussi le pousser nécessairement à créer, autrement, Dieu préférerait un moindre bien au plus excellent de tous les biens, à la création d'un monde sanctifié et en quelque sorte divinisé par l'Incarnation. Par une conséquence rigoureuse du principe de Malebranche, la création devient nécessaire; et cette liberté de Dieu dans ses œuvres extérieures (*ad extra,* comme parle la théologie, qui les oppose aux œuvres *ad intra,* par lesquelles s'accomplit la vie divine), cette liberté proclamée par Malebranche lui-même[1] est mise en pièces.

Sur la question de la distribution des grâces, Malebranche a prêté aussi aux plus graves comme aux plus légitimes critiques. Que cette distribution soit réglée et déterminée par certaines lois générales, qui, d'ailleurs, dans l'ordre surnaturel comme dans l'ordre naturel, laissent à Dieu la pleine liberté du miracle, c'est une vérité constante de la théologie catholique. L'erreur de Malebranche consiste à trop sacrifier à la sagesse divine d'autres attributs divins, la bonté et la miséricorde, et à ne concevoir cette sagesse que comme l'attribut qui prescrit à l'action de Dieu l'emploi des voies les plus simples. De là, pour justifier les miracles, à côté d'idées peut-être

---

[1] « ... Supposé que Dieu veuille agir, il ne peut qu'il n'agisse pour sa gloire... Mais, comme il se suffit à lui-même, cette gloire ne peut le déterminer invinciblement à vouloir agir. » (*IX*[e] *Entretien.*)

acceptables[1], des explications arbitraires qui n'ont contenté ni les croyants ni les incroyants [2]. De là, pour concilier la perte des âmes avec la volonté que Dieu avait de les sauver, une hypothèse étrange et presque injurieuse à l'humanité sainte du Sauveur, cause méritoire, et, d'après Malebranche, cause occasionnelle de la distribution de la grâce [3]. Malgré des vues élevées, et encore qu'ils aient satisfait certains esprits, les essais de théologie rationnelle de Malebranche n'ont pas donné les fruits qu'il en attendait. L'âme d'Henri Perreyve, qui voyait souvent dans les livres ce qu'elle y mettait, a pu s'élever d'une page des *Méditations chrétiennes* à un acte de résignation aimante [4]; sur le grand nombre des lecteurs, c'est l'effet con-

[1] « Lorsque Dieu fait un miracle, je prétends, ou que Dieu agit en conséquence d'autres lois générales qui nous sont inconnues, ou que ce qu'il fait alors, il y est déterminé par certaines circonstances qu'il a eues en vue de toute éternité en formant cet acte simple, éternel, invariable, qui renferme et les lois générales de sa providence ordinaire et encore les exceptions de ces mêmes lois. » (*VIII° Entretien.*)

[2] Pour épargner à Dieu les volontés particulières, Malebranche fait accomplir les miracles de l'ancienne loi par les anges, qu'une volonté générale en aurait établis les causes occasionnelles. (*Voir* entre autres, *VIII° Méditation chrétienne.*)

[3] « Il est évident, dit Malebranche, qu'il faut rejeter sur Jésus - Christ (considéré comme homme) toutes les difficultés qui se trouvent dans la distribution de la grâce. » (*Traité de la nature et de la grâce,* 2° discours, I° partie, XVII, *Additions.*) Et, fort de cette *évidence,* Malebranche explique par les bornes mêmes de l'intelligence humaine du Christ, par d'inévitables inadvertances, l'inégale répartition des secours divins. « Les divers désirs de l'âme de Jésus répandant la grâce, on conçoit donc clairement d'où vient qu'elle ne se répand pas également sur tous les hommes et qu'elle se répand sur certaines personnes plus abondamment en un temps qu'en un autre. Comme l'âme de Jésus-Christ ne pense point en un même temps à sanctifier tous les hommes, elle n'a point en même temps tous les désirs dont elle est capable. » (L. c., XVIII.)

[4] « ... Malebranche est le philosophe de la Providence; ce qu'il aime avant tout, c'est l'immutabilité, la constance, la simplicité profonde et féconde des desseins de Dieu : c'est tout juste ce que me prêche cette grande nature... Comme tout y est fort, calme, patient, suivi, certain du lendemain! Rien ne s'y presse, tout y obéit. Tout y obéit dans la vie et dans la mort... Pour moi, je me sens ému de sympathie et comme de respect envers ces jeunes pins arrachés par un orage ou par le torrent à la promesse de leur avenir, et qui tombent avant le temps, qui se décolorent, se flétrissent et meurent enfin sans révolte. Ils savent donc obéir, il faut donc obéir! Cette présence de Dieu

traire qui serait produit. Chez Malebranche, l'action des lois,
surtout dans l'ordre surnaturel, cache trop l'action de Dieu. A
force de répéter sa métaphore du temple que le Verbe incarné
construit, et dont les âmes humaines sont les matériaux,
Malebranche en vient presque à ressentir pour elles, et même
à prêter au divin architecte, l'indifférence de l'artiste que
n'émeut guère le sort des pierres qu'il emploie et de celles
qu'il rejette. On est tenté de plaindre ce Dieu qu'asservit un
ordre immuable[1]; et, tout en reconnaissant les intentions
généreuses du penseur qui voulait justifier la Providence, on
redirait volontiers, avec quelque atténuation, le mot que les
dures erreurs de Boursier devaient plus tard inspirer à Malebranche : « Je crois que l'auteur et ceux qui sont de son sentiment aiment Dieu de tout leur cœur; mais si cela est, c'est
sans doute par la force de leur foi... Il n'y a nulle apparence
que l'idée qu'ils se font de Dieu... contribue à les remplir de
l'amour divin[2]. »

La théologie de Malebranche est téméraire; sa philosophie
est-elle irréprochable?

Qu'elle ait de très hautes parties, et que Malebranche appar-
tienne au chœur de ces penseurs nommés par Thomassin les
patriciens de la pensée, c'est ce qui sera malaisément contesté.
Mais, disons-le tout de suite, l'esprit de système a trop profondément pénétré toute cette philosophie pour que celui qui
l'aborde ne sente quelque inquiétude tempérer son admiration.
« Quelle magnifique théorie de la raison! » s'écrie M. Ollé-
Laprune, qui, à la fin de son beau livre, résume à grands
traits la philosophie de Malebranche. « Il y a des vérités éternelles qui ne dépendent pas de notre esprit, qui ne sont pas
établies par un libre décret de la volonté divine, mais qui sont
éternellement subsistantes en Dieu, qui les pense éternellement. Ces vérités sont les fondements de toutes les sciences et
de la morale. C'est parce que nous les connaissons que nous

---

ces traits de haute volonté, la providence immuable qui éclate ici,
contribuent à me garder dans la
paix intérieure dont je vous parlais.»
(*Lettres de l'abbé Henri Perreyve.*
Les Eaux-Bonnes, 30 juillet 1855).

[1] Sur la doctrine qu'implique ce
mot si familier à Malebranche, voir
la *Réfutation du système du P. Malebranche,* par Fénelon, ch. ii.
[2] *Réflexions sur la prémotion
physique.*

sommes raisonnables ; et par la raison nous entrons, nous et tout ce qu'il y a d'esprits, dans une espèce de société avec Dieu même [1]. » Tandis que Descartes fait dépendre les lois nécessaires de la libre volonté de Dieu, Malebranche déclare « que les idées des choses sont immuables... Certainement, poursuit-il, si les vérités et les lois éternelles dépendaient de Dieu, si elles avaient été établies par une volonté libre du Créateur; en un mot, si la raison que nous consultons n'était pas nécessaire et indépendante, il me paraît évident qu'il n'y aurait plus de science véritable, et qu'on pourrait bien se tromper si l'on assurait que l'arithmétique ou la géométrie des Chinois est semblable à la nôtre [2]. » Mais ces vérités, comment et où les voyons-nous? Et où voyons-nous aussi, non seulement les vérités éternelles et nécessaires, mais aussi cette nature visible que Malebranche excelle à dépeindre, et qu'il poursuit cependant d'un infatigable mépris?

A cette question, Malebranche a répondu avec une inépuisable abondance. « Il n'y a que Dieu que l'on connaisse par lui-même; car encore qu'il y ait d'autres êtres spirituels que lui, et qui semblent être intelligibles par leur nature, il n'y a que lui seul qui puisse agir dans l'esprit et se découvrir à lui. Il n'y a que Dieu que nous voyions d'une vue immédiate et directe. Il n'y a que lui qui puisse éclairer l'esprit par sa propre substance...

« On ne peut concevoir que quelque chose de créé puisse représenter l'infini, que l'être sans restriction, l'être immense, l'être universel puisse être aperçu par une idée, c'est-à-dire par un être particulier, par un être différent de l'être universel et infini. Mais, pour les êtres particuliers, il n'est pas difficile de concevoir qu'ils puissent être représentés par l'être infini qui les renferme dans sa substance très efficace, et par conséquent très intelligible. Ainsi il est nécessaire de dire que l'on connaît Dieu par lui-même, quoique la connaissance que l'on en a en cette vie soit très imparfaite, et que l'on connaît les choses corporelles par leurs idées, c'est-à-dire en Dieu, puisqu'il n'y

---

[1] *La Philosophie de Malebranche,* IIIᵉ part., ch. VI.

[2] *Xᵉ Eclaircissement sur la Recherche de la vérité.*

a que Dieu qui renferme le monde intelligible, où se trouvent les idées de toutes choses[1]. »

L'âme est donc, dirai-je, éternellement solitaire avec Dieu, et douée par lui d'une intuition qui n'est ni pleine, ni joyeuse, ni active non plus, comme celle qui est promise à la vie future. L'expérience nous l'apprend cependant, ce n'est point de la sorte que nous apparaissent les vérités éternelles et la vérité substantielle et vivante en qui ces vérités subsistent. « Dieu ne se découvre pas à nous pour nous laisser voir en lui-même les essences des choses, mais Dieu nous donne la puissance de penser dans le temps et avec effort ce que lui pense éternellement et avec une souveraine facilité[2]. » La connaissance de Dieu, de ce Dieu que, par une équivoque regrettable, Malebranche appelle « l'Être sans aucune restriction ou limitation[3] », n'est point non plus une intuition. Sans doute c'est par un élan rapide qu'à l'aspect des créatures qui passent, l'âme affirme l'Être qui ne passe point, et qu'elle répète à sa manière le cri du psalmiste : *Ipsi peribunt : tu autem permanes[4];* mais ce cri, si spontané qu'on le suppose, implique cependant une opération intellectuelle qui l'a précédé.

Avec une telle doctrine tout lien est brisé, toute communication réelle et directe est déclarée impossible entre l'âme et le monde visible, entre l'âme et son propre corps. » Il est donc clair que l'âme n'est unie immédiatement ni à son corps ni à ce monde matériel, mais à l'idée de son corps et au monde intelligible, en un mot à Dieu, à la substance intelligible de la Raison universelle, qui seule peut éclairer les intelligences... La matière n'est pas visible par elle-même; elle ne peut agir dans les esprits, se représenter à eux, les toucher de diverses perceptions... Dieu seul, en conséquence des lois naturelles, agit dans notre âme par l'idée de l'étendue qu'il renferme, et par là il nous unit non seulement à notre corps, mais encore par notre corps à tous ceux qui nous environnent[5]... » Cette étendue que Malebranche nomme *intelligible,* et qu'il place en

---

[1] *Recherche de la vérité,* liv. III, part. II, ch. VII, n. 2.

[2] M. Ollé-Laprune, *la Philosophie de Malebranche,* part. III, ch. II.

[3] *Entretien d'un philosophe chrétien et d'un philosophe chinois.*

[4] Ps. CI, 37.

[5] Ier *Entretien sur la mort.*

Dieu, non pas *formellement*, comme Arnauld paraissait le
craindre, mais *éminemment* (en ce sens que Dieu possède
d'une manière transcendante tout ce que l'étendue matérielle
contient de perfection); cette étendue intelligible « est l'objet
immédiat que le géomètre contemple quand il pense à des
corps qui ne sont point et qu'il les regarde comme privés de
couleur et de quantité sensible... Par les diverses applications
que Dieu en fait à notre esprit, par les diverses limites sous
lesquelles il nous la découvre, l'étendue intelligible devient
l'exemplaire de toutes les figures intelligibles que notre entendement aperçoit [1] ». Qu'à l'occasion de ces figures intelligibles
Dieu excite en nous un sentiment, et l'étendue intelligible
nous représentera les figures sensibles particulières. « Pour ce
qui est des vérités passagères, ... nous les connaissons par
le sentiment que Dieu cause en nous à leur présence. Ainsi,
lorsque je vois le soleil, je vois l'idée de cercle en Dieu, et j'ai
en moi le sentiment de lumière, qui me marque que cette idée
représente quelque chose de créé et d'actuellement existant;
mais je n'ai ce sentiment que de Dieu [2]. »

Si, dans le système de Malebranche, Dieu est le seul objet
de l'intelligence, Dieu est aussi la seule cause véritablement
efficace. Sans doute, Malebranche maintient la notion de la
liberté humaine, mais il l'atténue; « il la réduit presque à la
puissance de mal faire, et cette volonté agissante dont il parle
ne sert guère qu'à expliquer l'erreur et le péché, en un mot,
les écarts de l'amour [3]. » En tout cas, s'il reconnaît à l'âme le
pouvoir de se déterminer elle-même, il lui dénie tout pouvoir
d'agir sur son corps. Oubliant que, d'après saint Thomas, c'est
une grande vertu dans une cause de donner à son effet le
pouvoir d'être cause lui-même [4], il conteste toute efficace
aux causes secondes. « Une cause naturelle, écrit-il, n'est...
point une cause réelle et véritable, mais seulement une cause

---

[1] M. Francisque Bouillier, de l'Institut. *De la Recherche de la vérité.*
Introduction.

[2] *Conversations chrétiennes.* Entretien *III.*

[3] M. Ollé-Laprune, *la Philosophie
de Malebranche*, part. III, ch. III.

[4] « Ex virtute enim agentis est quod
suo effectui det virtutem agendi. »
(*Sum. th.,* p. I^a, q. cv, a. 5.) — Voir
sur ce sujet le magistral ouvrage
du R. P. Th. de Regnon, S. J., *Banès
et Molina*, liv. III.

occasionnelle et qui détermine l'Auteur de la nature à agir de
telle et telle manière, en telle et telle rencontre [1]. » Par une
illusion assez naïve, Malebranche espère que son système dé-
tournera les hommes de l'amour des biens sensibles. « ... Si
l'on suppose cette fausse opinion des philosophes... que les
corps qui nous environnent sont les véritables causes des plaisirs et des maux que nous sentons, la raison semble en quelque
sorte... approuver le dérèglement universel des mœurs... Les
ivrognes n'aimeraient peut-être pas si fort le vin s'ils savaient
bien ce que c'est, et que le plaisir qu'ils trouvent à boire vient
du Tout-Puissant qui leur commande la tempérance [2]. »

Théologien et métaphysicien, Malebranche ne serait-il pas
moraliste? Il l'est dans toutes ses œuvres, et non seulement
dans ce *Traité de morale* où il a tracé d'une manière plus
systématique les règles de la vie humaine. D'une main ferme,
il assigne à la morale son principe et sa fin. Il concilie l'amour
désintéressé du bien et de l'ordre avec les légitimes espérances
que ce même amour encourage dans l'âme. « Nous sommes
raisonnables; notre vertu, notre perfection, c'est d'aimer la
Raison, ou plutôt d'aimer l'Ordre..., l'Ordre immuable que Dieu
consulte quand il agit : Ordre qui doit aussi régler l'estime et
l'amour de toutes les intelligences... Travaillons à notre perfection. A l'égard de notre bonheur, laissons-le entre les
mains de Dieu, dont il dépend uniquement. Dieu est juste, il
récompense nécessairement la vertu [3]. » Malebranche connaît
la faiblesse humaine, aussi recommande-t-il avec une insistance
parfois éloquente ce que la langue chrétienne appelle *la fuite
des occasions* et la mortification des sens; aussi préconise-t-i
l'emploi de ces moyens surnaturels dont la miséricorde ré-

---

[1] *Recherche de la vérité*, liv. VI,
part. II, ch. III.

[2] L. c. Le spiritualisme de Malebranche, timide, étroit, et par là
même insuffisant comme celui de
Descartes, applique avec rigueur le
système des causes occasionnelles
aux animaux qu'il réduit à l'état
de purs automates. Quelquefois cependant, le sens commun prend sa

revanche, et alors Malebranche
parle comme tout le monde. « Après
que j'eus admiré quelque temps
cette petite créature (un insecte)
*si indignement et si cruellement
traitée* par les autres animaux, à
qui apparemment elle sert de pâ-
ture..., » dit Théodore dans le
Xe Entretien sur la métaphysique.

[3] *Traité de morale*, I, ch. 1er.

domptrice a voulu munir notre indigence. Lorsque, dans la seconde partie de son œuvre, il traite en détail des divers devoirs, l'observateur sagace, ingénieux, profond, se découvre; dirai-je que le novateur y apparaît aussi, avec le mélange accoutumé de vues élevées et justes et de hardiesses paradoxales? « Il faut étudier les langues, dit-il à propos des devoirs domestiques et de l'éducation des enfants; mais c'est lorsqu'on est assez philosophe pour savoir ce que c'est qu'une langue [1]; lorsqu'on sait bien celle de son pays; lorsque le désir de savoir les sentiments des anciens nous inspire celui de savoir leur langage, parce qu'alors on apprend en un an ce qu'on ne peut sans ce désir apprendre en dix. Il faut être homme, chrétien, Français, avant que d'être grammairien, poète, historien, étranger [2]. »

Cette morale élève l'âme, elle ne la dilate point. En vertu de sa théorie des causes, Malebranche restreint la part du légitime et surnaturel amour que chaque homme doit à ses semblables. « ... Il y a deux principales espèces d'amour : un amour de bienveillance, et un amour qu'on peut appeler d'union... La puissance de nous faire du bien, ou cette espèce de perfection qui a rapport à notre bonheur, en un mot la *bonté* excite en nous l'amour *d'union*, et les autres perfections l'amour de bienveillance. Or Dieu seul est *bon*, il a seul la puissance d'agir en nous. Il ne communique point réellement aux créatures cette perfection : il les établit seulement causes occasionnelles pour produire quelques effets, car la véritable puissance est incommunicable. Donc tout l'amour d'union doit tendre vers Dieu [3]. »

Pourquoi donc, puisque les créatures intelligentes et libres ont été associées par Dieu même à son action bienfaisante, ne pourrions-nous pas les aimer d'un amour qui imite l'amour sans mesure que nous devons à Dieu? Pourquoi, en rappor-

---

[1] « L'on ne peut guère charger l'enfance de la connaissance de trop de langues... Un si grand fonds ne se peut bien faire que lorsque tout s'imprime dans l'âme naturellement et profondément, que la mémoire est neuve, prompte et fidèle..., et que l'on est déterminé à de longs travaux par ceux de qui on dépend. » (La Bruyère, *De quelques usages*.)

[2] *Traité de morale*, II, ch. x, n. 14.

[3] *Traité de morale*, I, ch. III.

tant tout au principe et à la fin suprême, ne les aimerions-
nous pas de cet amour d'union, « force vivante et bienfaisante
qui de plusieurs ne fait qu'un [1] ? »

Cet amour de bienveillance que Malebranche veut nous
inspirer pour nos semblables est, dans sa pensée, un amour
sérieux, profond, effectif. Comment ne le serait-il pas? C'est
à des êtres raisonnables, c'est à des âmes rachetées par Jésus-
Christ que nous le devons : en le leur rendant, nous le ren-
dons à la raison souveraine et au sang rédempteur. Mais cet
amour garde une sérénité froide ; il n'a ni flamme ni tendresse. Cette morale, d'ailleurs, sur plus d'un point paraîtra
sévère et insuffisante. Elle s'adresse à un groupe choisi de mé-
ditatifs, les Ariste, les Théotime, les Théodore, bien plus
qu'à l'innombrable multitude qui, dans les situations les plus
diverses, soutient le combat de la vie. Elle recommande à bon
droit l'amour de la retraite : ne met-elle pas trop en garde
l'âme, naturellement égoïste et paresseuse, contre les impru-
dences et, partant, contre les périls du zèle? Elle pousse en
haut, mais elle dépouille trop de leurs ombrages et de leurs
fleurs les sentiers escarpés qui mènent à la cime. Le souffle
qu'elle nous fait respirer n'eût rien perdu à s'imprégner des
saines et balsamiques senteurs qu'exhalent les œuvres du plus
sûr comme du plus aimable des moralistes, saint François
de Sales.

§ III. — Style de Malebranche

Malebranche, qui dédaignait la vanité d'écrivain comme
toutes les autres, a été, en partie à cause de ce dédain même,
un écrivain excellent, disons davantage, un grand écrivain. Il
est simple, et il l'est avec ce je ne sais quoi de noble et d'aisé
qui caractérisait au xviiᵉ siècle *les honnêtes gens*. Il est clair,
au point de nous faire parfois illusion sur les parties obscures

---

[1] Mgr Gay, *De la vie et des vertus chrétiennes. De la charité envers
Dieu.*

de sa doctrine, et de nous persuader presque que nous les entendons. Mais ce style « ondoyant de lumière [1] » n'est tel que
parce qu'il est animé par une imagination brillante. On peut
dire beaucoup de mal de l'imagination, et qui donc en a dit
plus de mal que Malebranche? Mais, selon le mot de Fontenelle, *l'imagination travaillait pour un ingrat.* Sans imagination, un style peut être d'une clarté parfaite; cependant à
cette clarté quelque chose fait défaut. L'imagination, c'est le
soleil qui illumine le paysage et qui le découvre dans toute sa
vérité, dans toute sa beauté. Or le soleil ne manque point aux
œuvres de notre philosophe. J'accorderai à Joubert que « le
mot de *beau*, pris substantivement, ne se trouve pas une seule
fois dans Malebranche »; qu'importe, si le maître du P. André
nous a plus d'une fois donné l'impression du *beau?* Faut-il
rappeler ces descriptions sobres et vives, par lesquelles Malebranche nous montre la nature visible, les étoiles ou les insectes? « ... Les astronomes qui mesurent la grandeur des
astres, et qui voudraient bien savoir le nombre des étoiles,
sont d'autant plus surpris d'admiration qu'ils deviennent plus
savants. Autrefois le soleil leur paraissait grand comme le
Péloponèse; mais aujourd'hui les plus habiles le trouvent un
million de fois plus grand que la terre. Les anciens ne comp-
taient que mille vingt-deux étoiles; mais personne aujourd'hui
n'ose les compter. Dieu même nous avait dit autrefois que nul
homme n'en saurait jamais le nombre; mais l'invention des
télescopes nous force bien maintenant à reconnaître que les ca-
talogues que nous en avons sont fort imparfaits. » De ces hauteurs, de « ces espaces immenses » où « l'imagination se perd »,
le *Théodore* des *Entretiens sur la métaphysique* descend « sur
la terre que nous habitons, sur ce point imperceptible à ceux
qui ne mesurent que les corps célestes ». C'est l'infiniment
petit qui va l'attirer. « L'autre jour que j'étais couché à l'ombre,
je m'avisai de remarquer la variété des herbes et des petits
animaux que je trouvai sous mes yeux. Je comptai, sans
changer de place, plus de vingt sortes d'insectes dans un fort
petit espace, et pour le moins autant de diverses plantes... Je

[1] P. Gratry, *De la connaissance de Dieu. Théodicée du xvii*e *siècle*,
I. *Malebranche.*

pris un de ces insectes. Je le considérai attentivement; et je ne crains point de vous dire de lui ce que Jésus-Christ assure des lis des champs, que Salomon dans toute sa gloire n'avait point de si magnifiques ornements [1]. »

Ce même passage qui dépeint les *atomes vivants*, nous décèle aussi cette légère et souriante ironie où Malebranche se complaît quelquefois. « ... Cette terre, que Messieurs les astronomes comptent pour rien, est encore trop vaste pour moi. » J'ajouterai, et la longue histoire des controverses de Malebranche et d'Arnauld le dit assez, que l'ironie de Malebranche ne sourit pas toujours. L'abeille distille le miel, mais elle porte le dard, et ce dard fait à ceux qu'il touche de cuisantes blessures.

Le livre de la *Recherche de la vérité* que nous éditons révèle un rival de La Bruyère dans l'art du portrait. Ils nous apparaîtront tour à tour, ces types divers que Malebranche a si finement dessinés : l'antiquaire, le commentateur, l'homme d'université, le sectateur d'Aristote. Comme le remarque Sainte-Beuve, à tous ces portraits il en manque un : celui du métaphysicien. Sénèque, Tertullien, Montaigne peuvent regretter que Malebranche ne se soit pas fait justice, comme il a cru leur faire justice à eux—mêmes; à coup sûr, quelques griefs qu'ils se crussent en droit d'élever contre lui, si le contemplatif de l'Oratoire avait jugé à propos d'appendre son portrait dans leur compagnie, aucun d'eux ne se fût plaint du voisinage.

Cette grâce ailée, cette fine ironie, cette observation acérée, s'unissent chez Malebranche à l'onction d'une âme qui trouve dans sa piété même une pénétrante éloquence. L'accent en devient plus intime à mesure que les années s'écoulent, et que le religieux méditatif se déprend même des nobles mais imparfaites réalités qui l'avaient autrefois ravi. « La pensée de la mort change toutes mes vues et rompt tous mes desseins. Tout disparaît ou change de face, lorsque je pense à l'éternité. Sciences abstraites, quelque éclatantes et sublimes que vous soyez, vous n'êtes que vanité : je vous abandonne. Je veux étudier la Religion et la Morale. Je veux travailler à ma perfection et à mon bonheur, et laisser là cette dure occupation

---

[1] *X° Entretien sur la métaphysique.*

que Dieu a donnée aux enfants des hommes, toutes ces vaines
sciences dont il est écrit que ceux qui les accumulent, au lieu
de se rendre sages et heureux, ne font qu'augmenter leurs travaux et leurs inquiétudes [1]. »

Malebranche écrivain a cependant ses défauts : les négli-
gences, les incorrections [2], les longueurs; et, malgré tant de
qualités exquises, il n'a jamais été mis de pair avec Fénelon,
avec Bossuet. Il n'a point la facile élégance, les grâces enchan-
teresses de l'un, les images et les mouvements sublimes de
l'autre; il n'égale pas la perfection des deux. De plus, on
n'entre pas de plain-pied dans ses œuvres comme dans celles
des maîtres que j'ai nommés; les initiés seuls y pénètrent
sans peine et s'y trouvent tout de suite à l'aise. Or les initiés
sont peu nombreux. Quelques héritiers de ses interlocuteurs,
quelques *Erastes* venus trop tard, comme les nomme Sainte-
Beuve, placeront Malebranche à une hauteur presque sans
rivale [3]; les autres, admirateurs eux aussi, réclameront pour
lui de moindres honneurs, et lui assigneront, immédiatement
après les plus grands, une place glorieuse encore et rayon-
nante d'un paisible et immortel éclat.

---

[1] *IX* *Méditation chrétienne*, 25.

[2] « Malebranche a une belle langue,
facile et pleine d'ampleur, mais pas
strictement correcte. » (SAINTE-
BEUVE, *P.-R.*, liv. VI.)

[3] « Malebranche, admirable dans
sa vie, dans sa pensée et dans sa parole. Idéal ravissant où on retrouve
harmonieusement fondu tout ce que
la nature morale garde de précieux
dans ses trésors... Qui est plus
grand, plus beau et plus doux que
Malebranche? » (*Pensées de Jules
Bruneau*, Angers, 1838. Citation de
Sainte-Beuve. *P.-R.*, liv. VI.)

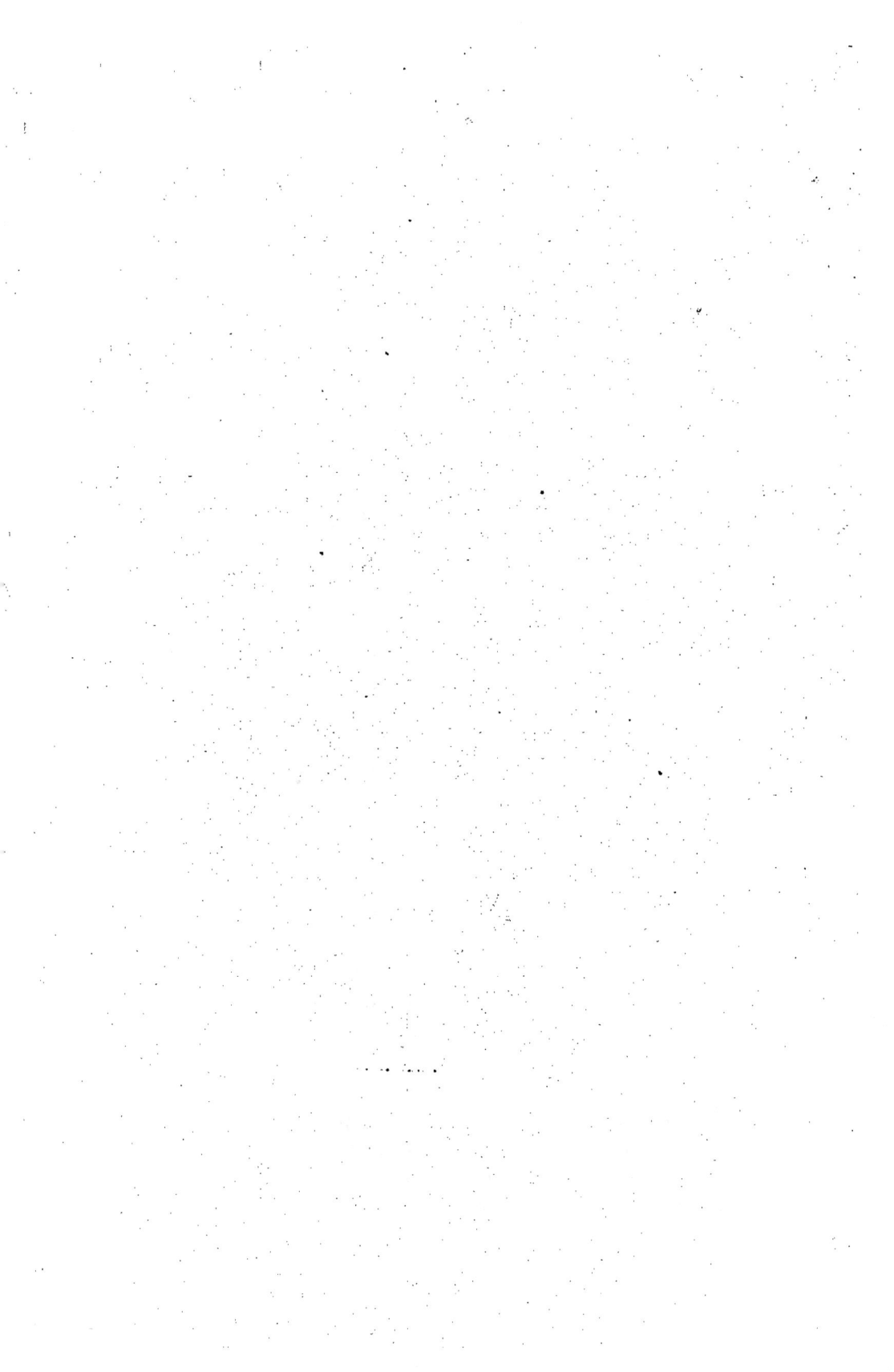

ANALYSE

DE *LA RECHERCHE DE LA VÉRITÉ*

Nous l'avons dit, la *Recherche de la vérité* a été l'œuvre de toute la vie de Malebranche; elle ne contient pas cependant toute sa philosophie. « Dieu s'y mêle sans doute; partout on le voit comme unique cause, comme unique acteur[1]. » Néanmoins, quelque place que l'Être souverain occupe dans la *Recherche*, l'homme y est plus directement l'objet des investigations du penseur.

Malebranche, presque au début de son ouvrage, en a donné lui-même le dessein général.

« Parce qu'il est nécessaire, dit-il, de faire d'abord sentir à l'esprit ses faiblesses et ses égarements, afin qu'il entre dans de justes désirs de s'en délivrer, et qu'il se défasse avec plus de facilité de ses préjugés, on va tâcher de faire une division exacte de ses manières d'apercevoir, qui seront comme autant de chefs à chacun desquels on rapportera dans la suite les différentes erreurs auxquelles nous sommes sujets.

« L'âme peut apercevoir les choses en trois manières : par l'*entendement pur,* par l'*imagination*, par les *sens*. Elle aperçoit, par l'*entendement pur,* les choses spirituelles, les universelles, les notions communes, l'idée de la perfection, celle d'un être infiniment parfait, et généralement toutes ses pensées,

---

[1] M. Fr. Bouillier, *De la Recherche de la vérité. Introduction.*

lorsqu'elle les connaît par la réflexion qu'elle fait sur soi. Elle
aperçoit même, par l'entendement pur, les choses matérielles,
l'étendue avec ses propriétés; car il n'y a que l'entendement
pur qui puisse apercevoir un cercle et un carré parfait, une
figure de mille côtés, et choses semblables. Ces sortes de perceptions s'appellent *pures intellections* ou *pures perceptions,*
parce qu'il n'est point nécessaire que l'esprit forme des images
corporelles dans le cerveau pour se représenter toutes ces
choses.

« Par l'*imagination,* l'âme n'aperçoit que les êtres matériels, lorsque étant absents elle se les rend présents, en s'en
formant, pour ainsi dire, des images dans le cerveau. C'est de
cette manière qu'on imagine toutes sortes de figures, un cercle,
un triangle, un visage, un cheval, des villes et des campagnes,
soit qu'on les ait déjà vues ou non. Ces sortes de perceptions
se peuvent appeler *imaginations,* parce que l'âme se représente ces objets en s'en formant des images dans le cerveau;
et parce qu'on ne peut pas se former des images des choses
spirituelles, il s'ensuit que l'âme ne les peut pas imaginer, ce
que l'on doit bien remarquer.

« Enfin l'âme n'aperçoit par les sens que les objets sensibles
et grossiers, lorsque étant présents ils font impression sur les
organes extérieurs de son corps et que cette impression se
communique jusqu'au cerveau, ou, lorsque étant absents le
cours des esprits animaux[1] fait dans le cerveau une semblable
impression. C'est ainsi qu'elle voit des plaines et des rochers
présents à ses yeux, et qu'elle connaît la dureté du fer et la
pointe d'une épée, et choses semblables; ces sortes de perceptions s'appellent *sentiments* ou *sensations.*

« L'âme n'aperçoit donc rien qu'en trois manières, ce qu'il
est facile de voir, si l'on considère que les choses que nous
apercevons sont spirituelles ou matérielles. Si elles sont spirituelles, il n'y a que l'entendement qui les puisse connaître.
Que si elles sont matérielles, elles seront présentes ou absentes.
Si elles sont absentes, l'âme ne se les représente ordinairement
que par l'imagination; mais si elles sont présentes, l'âme peut

---

[1] *Voir,* p. 23, ce que Malebranche, comme son siècle, entendait par
esprits animaux.

les apercevoir par les impressions qu'elles font sur les sens, et ainsi nos âmes n'aperçoivent les choses qu'en trois manières : par l'*entendement pur*, par l'*imagination*, et par les *sens*.

« On peut donc regarder ces trois facultés comme de certains chefs auxquels on peut rapporter les erreurs des hommes et les causes de ces erreurs, et éviter ainsi la confusion où leur grand nombre nous jetterait infailliblement, si nous voulions en parler sans ordre.

« Mais nos *inclinations* et nos *passions* agissent encore très fortement sur nous ; elles éblouissent notre esprit par de fausses lueurs, et elles le couvrent et le remplissent de ténèbres. Ainsi nos inclinations et nos passions nous engagent dans un nombre infini d'erreurs, lorsque nous suivons ce faux jour et cette lumière trompeuse qu'elles produisent en nous. On doit donc les considérer, avec les trois facultés de l'esprit, comme les sources de nos égarements et de nos fautes, et joindre aux erreurs des sens, de l'imagination et de l'entendement pur, celles qu'on peut attribuer aux passions et aux inclinations naturelles. Ainsi l'on peut rapporter toutes les erreurs des hommes et leurs causes à cinq chefs, et on les traitera selon cet ordre[1]. »

Il ne restait plus qu'à indiquer la division de l'ouvrage ; Malebranche l'a donnée dans un court paragraphe. Nous serons moins concis qu'il ne l'a été.

Après une préface où il enseigne que l'esprit de l'homme est plus intimement uni à Dieu qu'à la portion de matière qu'il anime, et que Dieu seul peut l'instruire (expliquées comme Malebranche ne s'est point lassé de le faire, ces idées réduisent à bien peu l'action de la créature), le philosophe, dans un premier livre, définit d'abord, telles qu'il les conçoit, la nature et les propriétés de l'esprit, qu'il oppose à celles du corps. En plaçant dans l'étendue l'essence de la matière[2], il a donné lieu à des objections théologiques auxquelles échappe la théorie qui, dans l'être matériel, outre la réalité indéterminée, source de l'étendue, distingue la force ou forme substantielle, principe

---

[1] *De la Recherche de la vérité*, liv. Ier, ch. IV.

[2] « La matière ou l'*étendue...* » (*Rech. de la vérité*, liv. I, ch. L)

déterminant et source des diverses énergies ou propriétés des corps.

Malebranche traite ensuite des sens. Le second livre, qui se divise en trois parties, expose avec une vivacité, avec une pénétration, parfois avec une profondeur que nous admirerons plus loin, les erreurs de l'imagination. Le livre troisième est consacré à l'entendement ou esprit pur (première partie), et à la nature des idées (seconde partie). Malebranche étudie, dans le livre quatrième, les inclinations ou les mouvements naturels de l'esprit, et, dans le cinquième livre, les passions. « A la différence de Descartes, il distingue les unes des autres... Les inclinations nous sont communes avec les pures intelligences ; ce sont des mouvements de l'âme, des impressions de Dieu qui nous portent à l'aimer comme le souverain bien, et notre prochain par rapport à lui... Les passions, de même que les inclinations, sont bien aussi des impressions de Dieu, mais elles ont le corps pour objet ; elles nous portent à l'aimer, elles dépendent de l'union de l'âme et du corps[1]. »

Une préface où apparaissent les fines qualités du moraliste et du critique, après avoir été mise d'abord, dans l'édition de 1680, en tête des *Éclaircissements*, fut en dernier lieu placée par Malebranche à l'entrée du sixième livre. Ce livre, le dernier de l'ouvrage, se divise en deux parties qui toutes deux traitent de la méthode ; il se termine par des considérations où l'héritier de Descartes, où l'adversaire d'Aristote se montre surtout le disciple de Jésus-Christ. « ... Je crois, pour finir utilement cet ouvrage, devoir dire que la méthode la plus courte et la plus assurée pour découvrir la vérité et pour s'unir à Dieu de la manière la plus pure et la plus parfaite qui se puisse, c'est de vivre en véritable chrétien. C'est de suivre exactement les préceptes de la vérité éternelle qui ne s'est unie à nous que pour nous réunir avec elle. C'est d'écouter plutôt notre foi que notre raison, et tendre à Dieu, non tant par nos forces naturelles, qui depuis le péché sont toutes languissantes, que par le secours de la foi[2]... »

Malebranche a complété la *Recherche de la vérité* par un

---

[1] M. Fr. Bouillier, *De la Recherche de la vérité. Introduction.*

[2] *Recherche de la vérité*, liv. VI, IIe part., ch. IX.

traité en deux parties : *Des lois générales de la communication des lois du mouvement;* par une réponse à Régis [1]; et par des *Éclaircissements* au nombre de seize. Quelques titres suffisent à montrer que ces *Éclaircissements* portent sur les points les plus contestés de la doctrine de Malebranche. (VI⁰ *Éclaircissement.* « Qu'il est très difficile de prouver qu'il y a des corps. » — X⁰ *Éclaircissement.* « Sur la nature des idées. Dans lequel j'explique comment on voit en Dieu toutes choses, les vérités et les lois éternelles. » — XI⁰ *Éclaircissement.* « Que nous n'avons point l'idée claire de notre nature ni des modifications de notre âme. » — XV⁰ *Éclaircissement.* « Touchant l'efficace des causes secondes. »). La contradiction aiguisait cet esprit toujours prompt à la riposte; elle l'amenait, non point à rétracter des idées qui semblaient ne plus faire qu'un avec lui-même, mais à les préciser davantage et à déployer, pour les défendre, d'inépuisables ressources.

---

[1] Pierre-Sylvain Régis, né en 1632 dans l'Agénois, mort en 1707. « Régis a été un des principaux et des plus zélés disciples de Descartes, avec une certaine tendance à l'empirisme qui l'éloigne, plus que tout autre cartésien, des nouvelles doctrines de Malebranche. » (M. Fr. BOUILLIER.)

DE LA
RECHERCHE DE LA VÉRITÉ

LIVRE SECOND

DE L'IMAGINATION

CHAPITRE I

I. Idée générale de l'imagination. — II. Qu'elle renferme deux facultés, l'une active, l'autre passive. — III. Cause générale des changements qui arrivent dans l'imagination des hommes, et le fondement de ce livre.

Dans le livre précédent nous avons traité des sens. Nous avons tâché d'en expliquer la nature, et de marquer précisément l'usage que l'on doit en faire. Nous avons découvert les principales et les plus générales erreurs dans lesquelles ils nous jettent; et nous avons tâché de limiter de telle sorte leur puissance, qu'on doit beaucoup espérer d'eux, et n'en rien craindre, si on les retient toujours dans les bornes que nous leur avons prescrites. Dans ce second livre nous traiterons de l'imagination : l'ordre naturel nous y oblige; car il y a un si grand rapport entre les sens et l'imagination, qu'on ne doit pas les séparer. On verra même dans la suite que ces deux facultés ne diffèrent entre elles que du plus et du moins.

Voici l'ordre que nous gardons dans ce traité. Il est di-

1

visé en trois parties. Dans la première nous expliquons les causes physiques du dérèglement et des erreurs de l'imagination. Dans la seconde nous faisons quelque application de ces causes aux erreurs les plus générales de l'imagination, et nous parlons aussi des causes que l'on peut appeler morales de ces erreurs. Dans la troisième nous parlons de la communication contagieuse des imaginations fortes.

Si la plupart des choses que ce traité contient, ne sont pas si nouvelles que celles que l'on a déjà dites en expliquant les erreurs des sens, elles ne seront pas toutefois moins utiles. Les personnes éclairées reconnaissent assez les erreurs et les causes mêmes des erreurs dont je traite ; mais il y a très peu de personnes qui y fassent assez de réflexion. Je ne prétends pas instruire tout le monde, j'instruis les ignorants, et j'avertis seulement les autres, ou plutôt je tâche ici de m'instruire, et de m'avertir moi-même.

I. Nous avons dit, dans le premier livre, que les organes de nos sens étaient composés de petits filets[1] qui, d'un côté,

---

[1] *Petits filets.* Les nerfs, constitués par la réunion en faisceaux de nombreuses *fibres* ou *tubes* reliant des *cellules* nerveuses. Les tubes, d'après Ranvier, ne seraient que des éléments cellulaires soudés bout à bout. Leur diamètre ordinaire est de 1 à 8 centièmes de millimètre. La partie importante du tube est le *cylindre axe,* qui ne manque jamais et semble n'être que le prolongement d'une cellule nerveuse centrale. Les tubes forment la *substance blanche.* Les cellules nerveuses sont étoilées et presque toujours multipolaires ; leur ensemble forme la *substance grise.* Luys a compté soixante-dix cellules par millimètre carré. Les tubes sont aux cellules ce que le fil électrique est à la pile ; ils commencent donc toujours par une cellule et se terminent à la périphérie par des appareils cellulaires plus ou moins complexes, les nerfs moteurs par des plaques en rapport avec les fibrilles musculaires, les nerfs sensitifs par les corpuscules de Krause, de Pacini, de Vater, etc. L'expérience démontre (Legallois, 1812) que tous les phénomènes où la volonté intervient sont sous la dépendance du cerveau, et que les phénomènes inconscients et automatiques ont pour siège la moelle épinière ; le bulbe serait un appareil de coordination. Le mécanisme des fonctions cérébrales a été expliqué d'une manière originale par le Dr Auzoux : « Comme pour le télégraphe, toutes les dépêches, les *impressions* arrivent à l'administration centrale, le *cerveau,* par des myriades de fibrilles, *fibres nerveuses afférentes* qui, de toutes les parties du corps, aboutissent à un

se terminent aux parties extérieures du corps et à la peau, et de l'autre aboutissent vers le milieu du cerveau. Or ces petits filets peuvent être remués en deux manières, ou en commençant par les bouts qui se terminent dans le cerveau, ou par ceux qui se terminent au dehors. L'agitation de ces petits filets ne pouvant se communiquer jusqu'au cerveau, que l'âme n'aperçoive quelque chose; si l'agitation commence par l'impression que les objets font sur la surface extérieure des filets de nos nerfs, et qu'elle se communique jusqu'au cerveau, alors l'âme sent et juge [1] que ce qu'elle sent est au dehors, c'est-à-dire qu'elle aperçoit un objet comme présent. Mais s'il n'y a que les filets intérieurs qui soient légèrement ébranlés par le cours des esprits animaux [2], ou de quelque autre manière, l'âme ima-

---

centre commun appelé *couche optique, bureau d'arrivée.* De la couche optique partent de nombreuses fibres *afférentes,* qui la mettent en rapport avec les cellules corticales... Dans ces cellules, la *dépêche* est analysée et portée par les fibres *commissurantes,* le *corps calleux,* dans l'hémisphère du côté opposé. Après cette dernière épreuve, *un contrôle peut-être,* la dépêche est portée par des fibres nerveuses afférentes dans le *corps strié, bureau de départ,* d'où elle est expédiée aux organes sous forme de volonté par les fibrilles motrices des nerfs. »

(Nous devons cette note, ainsi que plusieurs autres relatives aux théories scientifiques de Malebranche, à l'obligeance du P. Bordes, de l'Oratoire, professeur de sciences au collège de Juilly.)

[1] Par un jugement naturel, dont j'ai parlé en plusieurs endroits du livre précédent. (Note de Malebranche.)

[2] *Esprits animaux.* Gardons-nous de sourire de cette vieille physio-

logie. Cl. Bernard n'a-t-il pas dit que « ces idées étaient aussi satisfaisantes que celles que nous avons aujourd'hui..., qu'elles n'étaient que l'expression d'une manière de voir destinée à expliquer les faits? Et il est remarquable, ajoute-t-il, de voir combien cette théorie des *Esprits animaux* semblait en rendre compte d'une manière satisfaisante et parfaitement lucide ». Ce langage du prince de la physiologie moderne pourra nous surprendre, et il n'est cependant que l'expression de la vérité. « On a pu changer les mots, remplacer les esprits animaux par un fluide impondérable, sans réaliser pour cela un véritable progrès. Tant qu'on n'a fait que substituer une théorie à une théorie sans preuve directe, la science n'y a rien gagné; celle des anciens en vaut une autre. » (*Leçons sur la physiologie et la pathologie du système nerveux,* t. Iᵉʳ, p. 3-4.)

Dès la plus haute antiquité, philosophes et médecins, essayant de déterminer la nature de l'âme, avaient formulé deux théories; la première

gine, et juge que ce qu'elle imagine n'est point au dehors, mais au dedans du cerveau, c'est-à-dire qu'elle aperçoit un objet comme absent. Voilà la différence qu'il y a entre sentir et imaginer.

Mais il faut remarquer que les fibres du cerveau sont beaucoup plus agitées par l'impression des objets que par le cours des esprits, et que c'est pour cela que l'âme est beaucoup plus touchée par les objets extérieurs, qu'elle juge comme présents, et comme capables de lui faire sentir

confondait l'âme avec le sang, la seconde l'identifiait avec l'*air*, le *souffle* ou l'*esprit*. Aristote fait remonter cette dernière opinion à Orphée. Diogène d'Apollonie la développa avec soin, tous les philosophes ioniens l'acceptèrent, et, du jour où l'école hippocratique l'eut adopté, elle devint le point de départ d'une théorie au développement de laquelle travaillèrent sans relâche tous les médecins et les philosophes. Aristote se demande si ce *souffle*, cet *esprit*, principe du mouvement et premier ressort de notre activité, vient de la respiration ou est produit par la digestion. Pour Épicure, l'esprit, le souffle est encore le principe moteur. Les stoïciens le considèrent comme l'âme tout entière, mais ils distinguent un double souffle, l'un *vital*, l'autre *animal*, dus à une sécrétion du sang. De là à Galien il n'y a qu'un pas, et Descartes est, si j'ose le dire, son successeur immédiat. Pour Galien, en effet, le foie extrait le sang des aliments digérés; le cœur extrait du sang le souffle vital, et le cerveau extrait de ce dernier le souffle animal qui remplit les nerfs. A la place du mot *souffle*, mettez celui d'*esprits,* et vous avez la théorie de Descartes, avec cette légère différence que, dans la théorie cartésienne, les esprits sont directement

extraits du sang par le cerveau.

Malebranche est de son temps; il est au courant des publications médicales; il a dû lire les travaux de Willis sur le cerveau et semble parfois lui faire des emprunts. Bossuet, qui fut le disciple de Stenon, parle-t-il autrement des esprits animaux? « Ils sont la partie la plus vive et la plus agitée du sang. C'est une espèce de vapeur extraordinairement subtile et mouvante, que la chaleur du cœur en fait élever et qui est portée promptement par certains vaisseaux au cerveau, où les esprits s'affinent...; de là ils entrent dans les nerfs, qu'ils tiennent tendus; par les nerfs, ils s'insinuent dans les muscles, qu'ils font mouvoir. » (*Connaissance de Dieu,* III, ix.)

Pascal nous parle également du soin que prend la nature d'influer les esprits dans nos membres pour les faire croître et durer, mais il lui répugne d'admettre « que le plaisir ne soit autre chose que le ballet des esprits ». (*Pensées,* XXIV, 59, XXV, 10.) En somme, toute cette physique est prise dans Descartes : *Principia philosophiæ*, la *Dioptrique* et le *Traité des passions.*

Ajoutons, avec M. Fr. Bouillier, que « les esprits animaux sont ici les avant-coureurs du fluide nerveux ou le fluide nerveux lui-même, selon une remarque du docteur Huxley ».

du plaisir ou de la douleur, que par le cours des esprits animaux. Cependant il arrive quelquefois dans les personnes qui ont les esprits animaux fort agités par des jeûnes, par des veilles, par quelque fièvre chaude ou par quelque passion violente, que ces esprits remuent les fibres intérieures de leur cerveau avec autant de force que les objets extérieurs; de sorte que ces personnes sentent ce qu'ils [1] ne devraient qu'imaginer, et croient voir devant leurs yeux des objets qui ne sont que dans leur imagination. Cela montre bien qu'à l'égard de ce qui se passe dans le corps, les sens et l'imagination ne diffèrent que du plus et du moins, ainsi que je viens de l'avancer.

Mais afin de donner une idée plus distincte et plus particulière de l'imagination, il faut savoir que, toutes les fois qu'il y a du changement dans la partie du cerveau à laquelle les nerfs aboutissent, il arrive aussi du changement dans l'âme; c'est-à-dire, comme nous avons déjà expliqué, que s'il arrive dans cette partie quelque mouvement des esprits qui change quelque peu l'ordre de ses fibres [2], il arrive aussi quelque perception nouvelle dans l'âme; elle sent nécessairement, ou elle imagine quelque chose de nouveau, et l'âme ne peut jamais rien sentir ni rien imaginer de nouveau, qu'il n'y ait du changement dans les fibres de cette même partie du cerveau.

De sorte que la faculté d'imaginer, ou l'imagination, ne consiste que dans la puissance qu'a l'âme de se former des images des objets, en produisant du changement dans les fibres de cette partie du cerveau, que l'on peut appeler partie *principale* [3], parce qu'elle répond à toutes les parties

---

[1] « Assez souvent, au xviiᵉ siècle, les pronoms et les adjectifs qui, dans le courant d'une phrase, se rapportaient au mot *personne*, étaient mis au masculin quand il s'agissait d'un homme. Vaugelas approuve cet usage... » (M. Frédéric GODEFROY, note de son édition de *La Bruyère*.)

[2] Élément anatomique, long et frêle, dérivant de la cellule.

[3] *Partie principale*. « Elle est encore à déterminer, à moins qu'on ne veuille donner ce nom à une espèce de noyau formé par l'association des couches optiques et des corps striés, que quelques anatomistes appellent la *racine du cerveau*. » (P. BORDES.)

de notre corps, et que c'est le lieu où notre âme réside immédiatement, s'il est permis de parler ainsi.

II. Cela fait voir clairement que cette puissance qu'a l'âme de former des images renferme deux choses : l'une qui dépend de l'âme même, et l'autre qui dépend du corps. La première est l'action et le commandement de la volonté. La seconde est l'obéissance que lui rendent les esprits animaux qui tracent ces images, et les fibres du cerveau sur lesquelles elles doivent être gravées. Dans cet ouvrage, on appelle indifféremment du nom d'*imagination* l'une et l'autre de ces deux choses, et on ne les distingue point par les mots d'*active* et de *passive* qu'on pourrait leur donner, parce que le sens de la chose dont on parle marque assez de laquelle des deux on entend parler, si c'est de l'*imagination active* de l'âme ou de l'*imagination passive* du corps.

On ne détermine point encore en particulier quelle est cette partie *principale* dont on vient de parler. Première-ment, parce qu'on le croit assez inutile. Secondement, parce que cela est fort incertain. Et enfin parce que n'en pouvant convaincre les autres, à cause que [1] c'est un fait qui ne se peut prouver ici, quand on serait très assuré qu'elle est cette partie principale, on croit qu'il serait mieux de n'en rien dire.

Que ce soit donc, selon le sentiment de Willis [2], dans les deux petits corps qu'il appelle *corpora striata* [3] que réside le sens commun [4] ; que les sinuosités [5] du cerveau conser-

---

[1] *A cause que,* locution conjonc-tive, fréquente chez les grands écri-vains du XVIIe siècle, et dont l'em-ploi est encore légitime.

[2] Thomas Willis, médecin anglais, né en 1622, mort en 1675.

[3] *Corpora striata,* « ainsi nommés parce qu'ils se composent de deux couches de substance grise séparées par une couche de substance blanche. Ils forment une paire de gros noyaux placés de chaque côté du *septum*

lucidum. » (P. BORDES.)

[4] « On ne sait ce qui y réside, mais les physiologistes s'accordent pour faire de ces corps des centres de mouvement pour les membres. La lésion du corps strié gauche produit la paralysie du mouvement du côté droit, et réciproquement. » (P. BORDES.)

[5] *Sinuosités.* « On sait, depuis Broca, que la faculté du langage a son siège dans la troisième circon-

vent les espèces [1] de la mémoire, et que le corps *calleux* [2] soit le siège de l'imagination; que ce soit, suivant le sentiment de Fernel [3], dans la *pic-mère* [4], qui enveloppe la substance du cerveau; que ce soit dans la glande *pinéale* de M. Descartes, ou enfin dans quelque autre partie inconnue jusqu'ici que notre âme exerce ses principales fonctions, on ne s'en met pas fort en peine. Il suffit qu'il y ait une partie principale; et cela est même absolument nécessaire, comme aussi que le fond du système de M. Descartes subsiste. Car il faut remarquer que quand il se serait trompé, comme il y a bien de l'apparence, lorsqu'il a assuré que c'est à la *glande pinéale* [5] que l'âme est immédiatement unie, cela toutefois ne pourrait faire du tort au fond de son système, duquel on tirera toujours toute l'utilité qu'on peut attendre du véritable pour avancer dans la connaissance de l'homme.

III. Puis donc que l'imagination ne consiste que dans la force qu'a l'âme de se former des images des objets, en les imprimant, pour ainsi dire, dans les fibres de son cerveau, plus les vestiges des esprits animaux, qui sont les traits de ces images, seront grands et distincts, plus l'âme imaginera fortement et distinctement ces objets. Or de même que la largeur, la profondeur et la netteté des traits de quelque gravure dépend de la force dont le burin agit et de l'obéissance que rend le cuivre, ainsi la profondeur et la netteté

---

volution du lobe frontal gauche. D'autres essais de localisation ont été tentés, mais l'expérience n'a pas encore dit son dernier mot. » (P. BORDES.)

[1] *Species*, représentations des objets.

[2] « Longue et large bande médullaire blanche qui réunit les deux hémisphères du cerveau. » (LITTRÉ.)

[3] Jean Fernel, médecin de Henri II, né en 1497, mort en 1558. Il exposa avec talent les doctrines médicales de Gallien et des Arabes, et cultiva, non sans succès, les mathématiques.

[4] La plus interne des trois membranes qui enveloppent le cerveau, et que l'on nomme *méninges*.

[5] « *Glande pinéale*, petit organe gris, ayant la forme d'une pomme de pin, placé à l'extrémité postérieure des trois ventricules; il contient des concrétions calcaires (sable du cerveau). On ne lui connaît aucun usage; mais si Descartes avait connu son existence chez les poissons et chez les autres vertébrés, il n'y aurait sans doute pas logé l'âme. » (P. BORDES.)

des vestiges de l'imagination dépend de la force des esprits animaux et de la constitution des fibres du cerveau ; et c'est la variété qui se trouve dans ces deux choses qui fait presque toute cette grande différence que nous remarquons entre les esprits.

Car il est assez facile de rendre raison de tous les différents caractères qui se rencontrent dans les esprits des hommes : d'un côté par l'abondance et la disette, par l'agitation et la lenteur, par la grosseur et la petitesse des esprits animaux ; et de l'autre par la délicatesse et la grossièreté, par l'humidité et la sécheresse, par la facilité et la difficulté de se ployer des fibres du cerveau, et enfin par le rapport que les esprits animaux peuvent avoir avec ces fibres [1]. Et il serait fort à propos que d'abord chacun tâchât d'imaginer toutes les différentes combinaisons de ces choses, et qu'on les appliquât soi-même à toutes les différences qu'on a remarquées entre les esprits, parce qu'il est toujours plus utile et même plus agréable de faire usage de son esprit, et de l'accoutumer ainsi à découvrir la vérité, que de le laisser corrompre dans l'oisiveté, en ne l'appliquant qu'à des choses toutes digérées et toutes développées. Outre qu'il y a des choses si délicates et si fines dans la différence des esprits, qu'on peut bien quelquefois les découvrir et les sentir soi-même, mais on ne peut pas les représenter ni les faire sentir aux autres.

Mais afin d'expliquer, autant qu'on le peut, toutes ces différences qui se trouvent entre les esprits, et afin qu'un chacun remarque plus aisément dans le sien même la cause de tous les changements qu'il y sent en différents temps, il semble à propos d'examiner en général les causes des changements qui arrivent dans les esprits animaux et dans les fibres du cerveau, parce qu'ainsi on découvrira tous ceux qui se trouvent dans l'imagination.

L'homme ne demeure guère longtemps semblable à lui-

---

[1] « Pour plus de commodité dans ses explications, Malebranche suppose une grande variété dans les esprits animaux. Nous allons voir qu'il est des esprits languissants et même des esprits libertins qui n'obéissent pas à la volonté. » (M. Fr. BOUILLIER.)

même[1] ; tout le monde a assez de preuves intérieures de son inconstance : on juge tantôt d'une façon et tantôt d'une autre sur le même sujet : en un mot la vie de l'homme ne consiste que dans la circulation du sang, et dans une autre circulation de pensées et de désirs ; et il semble qu'on ne puisse guère mieux employer son temps qu'à rechercher les causes de ces changements qui nous arrivent, et apprendre ainsi à nous connaître nous-mêmes.

CHAPITRE V

I. De la liaison des idées de l'esprit avec les traces du cerveau. — II. De la liaison réciproque qui est entre ces traces. — III. De la mémoire. — IV. Des habitudes.

De toutes les choses matérielles, il n'y en a point de plus digne de l'application des hommes que la structure de leur corps, et que la correspondance qui est entre toutes les parties qui le composent ; et de toutes les choses spirituelles, il n'y en a point dont la connaissance leur soit plus nécessaire que celle de leur âme et de tous les rapports qu'elle a indispensablement avec Dieu, et naturellement avec le corps.

Il ne suffit pas de sentir ou de connaître confusément que les traces du cerveau sont liées les unes avec les autres et qu'elles sont suivies du mouvement des esprits animaux,

---

[1] « L'être vivant ne peut continuer à vivre qu'à la condition de se renouveler sans cesse. Les diverses métamorphoses que la matière subit dans nos organes sont encore mal définies par les chimistes, mais nous savons qu'elles sont rapides ; un mot suffit pour la rénovation complète de la plus grande partie du corps. Un homme qui a vécu soixante-dix ans s'est renouvelé plus de huit cents fois. » (P. BORDES.)

que les traces réveillées dans le cerveau réveillent des idées dans l'esprit, et que des mouvements excités dans les esprits animaux excitent ces passions dans la volonté. Il faut, autant que l'on peut, savoir distinctement la cause de toutes ces liaisons différentes, et principalement les effets qu'elles sont capables de produire.

Il en faut connaître la cause, parce qu'il faut connaître celui qui seul est capable d'agir en nous et de nous rendre heureux ou malheureux, et il en faut connaître les effets, parce qu'il faut nous connaître nous-mêmes autant que nous le pouvons[1], et les autres hommes avec qui nous devons vivre. Alors nous saurons les moyens de nous conduire et de nous conserver nous-mêmes dans l'état le plus heureux et le plus parfait où l'on puisse parvenir, selon l'ordre de la nature et selon les règles de l'Evangile; et nous pourrons vivre avec les autres hommes, en connaissant exactement et les moyens de nous en servir dans nos besoins, et ceux de les aider dans leurs misères.

Je ne prétends pas expliquer dans ce chapitre un sujet si vaste et si étendu. Je ne prétends pas même[2] de le faire entièrement dans tout cet ouvrage. Il y a beaucoup de choses que je ne connais pas encore et que je n'espère pas de bien connaître, et il y en a quelques-unes que je crois savoir et que je ne puis expliquer. Car il n'y a point d'esprit si petit qu'il soit, qui ne puisse, en méditant, découvrir plus de vérités que l'homme du monde le plus éloquent n'en pourrait déduire.

I. Il ne faut pas s'imaginer, comme la plupart des philosophes, que l'esprit devient corps lorsqu'il s'unit au corps, et que le corps devient esprit lorsqu'il s'unit à l'esprit. L'âme n'est point répandue dans toutes les parties du corps afin de lui donner la vie et le mouvement, comme l'imagination se le figure[3], et le corps ne devient point ca-

---

[1] Tour familier au XVIIe siècle. De nos jours on répéterait le verbe, au risque d'alourdir la phrase.

[2] *Prétendre de* se trouve dans les meilleurs écrivains du XVIIe siècle :

Pascal, Mme de Sévigné, etc.

[3] « Ce corps, à le regarder comme organique, est un par la proportion et la correspondance de ses parties; de sorte qu'on peut l'appeler un

pable de sentiment par l'union qu'il a avec l'esprit, comme
nos sens faux et trompeurs semblent nous en convaincre.
Chaque substance demeure ce qu'elle est; et comme l'âme
n'est point capable d'étendue et de mouvements, le corps
n'est point capable de sentiment et d'inclinations. Toute
l'alliance de l'esprit et du corps qui nous est connue, consiste dans une correspondance naturelle et mutuelle des
pensées de l'âme avec les traces du cerveau, et des émotions de l'âme avec les mouvements des esprits animaux.

Dès que l'âme reçoit quelques nouvelles idées, il s'imprime dans le cerveau de nouvelles traces, et dès que les
objets produisent de nouvelles traces, l'âme reçoit de nouvelles idées. Ce n'est pas qu'elle considère ces traces,
puisqu'elle n'en a aucune connaissance; ni que ces traces
renferment ces idées, puisqu'elles n'y ont aucun rapport;
ni enfin qu'elle reçoive ses idées de ces traces; car, comme
nous expliquerons dans le troisième livre, il n'est pas con-
cevable que l'esprit reçoive quelque chose du corps, et
qu'il devienne plus éclairé qu'il n'est en se tournant vers
lui, ainsi que les philosophes le prétendent[1], qui veulent
que ce soit par *conversion* aux fantômes, ou aux traces du
cerveau, *per conversionem ad phantasmata*, que l'esprit
aperçoive toutes choses[2]. Mais tout cela se fait en consé-

---

même organe, de même et à plus
forte raison qu'un luth ou un orgue
un seul instrument : d'où il résulte
que l'âme lui doit être unie en son
tout, parce qu'elle lui est unie
comme à un seul organe parfait
dans sa totalité. » (BOSSUET, *De la
connaissance de Dieu et de soi-
même*, ch. III; *De l'union de l'âme
et du corps*, I. — Voir saint THO-
MAS, *Sum. th.*, p. 1, q. LXXVI, a. 1.)

[1] Le XVIIe siècle séparait quelquefois le *qui* de son antécédent,
surtout dans la poésie et dans la
haute éloquence.

... et le fils dégénère
Qui survit un moment à l'honneur de
son père.
(CORNEILLE, *le Cid*, acte II, sc. II.)

[2] Cette *conversio ad phantasmata*
(aux images sensibles), que Malebranche raille en passant, est, d'a-
près saint Thomas et la Scolastique,
la première et indispensable condition de toute connaissance. « Im-
possibile est intellectum nostrum
secundum præsentis vitæ statum
quo possibili corpori conjungitur,
aliquid intelligere in actu, nisi con-
vertendo se ad phantasmata... Intellectus... humani, qui est conjunc-
tus corpori, proprium objectum est
quidditas sive natura in materia
corporali existens; et per hujusmodi
naturas visibilium rerum, etiam in
invisibilium rerum aliqualem cogni-
tionem ascendit. De ratione autem

quence des lois générales de l'union de l'âme et du corps, ce que j'expliquerai au même endroit[1].

De même, dès que l'âme veut que le bras soit mû, le bras est mû, quoiqu'elle ne sache pas seulement ce qu'il faut faire pour le remuer; et dès que les esprits animaux sont agités, l'âme se trouve émue, quoiqu'elle ne sache pas seulement s'il y a dans son corps des esprits animaux.

Lorsque je traiterai des passions, je parlerai de la liaison qu'il y a entre les traces du cerveau et les mouvements des esprits, et de celle qui est entre les idées et les émotions de l'âme, car toutes les passions en dépendent. Je dois seulement parler ici de la liaison des idées avec les traces, et de la liaison des traces les unes avec les autres.

Il y a trois causes fort considérables de la liaison des idées avec les traces. La première et que les autres supposent est la nature, ou la volonté constante et immuable du Créateur. Il y a par exemple une liaison naturelle, et qui ne dépend point de notre volonté, entre les traces que produisent un arbre ou une montagne que nous voyons, et les idées d'arbre ou de montagne; entre les traces que produisent dans notre cerveau le cri d'un homme ou d'un animal qui souffre et que nous entendons se plaindre, l'air du visage d'un homme qui nous menace ou qui nous craint, et les idées de douleur, de force, de faiblesse, et même entre les sentiments de compassion, de crainte et de courage qui se produisent en nous[2].

Ces liaisons naturelles sont les plus fortes de toutes;

---

hujus naturæ est quod in aliquo individuo existat. Particulare autem apprehendimus per sensum et imaginationem : et ideo necesse est ad hoc quod intellectus actu intelligat suum objectum proprium, quod convertat se ad phantasmata, ut speculetur naturam universalem in particulari existentem.» (S. Thomas, *Sum. th.*, p. I, q. lxxxiv, a. 7.)

[1] Cette phrase a été ajoutée dans l'édition de 1712.

[2] « Dans l'édition de 1712, Male- branche donne le premier rang parmi les causes de la liaison des idées à la volonté du Créateur, qu'il regarde comme la cause la plus importante et la plus générale. Dans les éditions antérieures, c'est l'identité du temps qu'il plaçait la première et qu'il jugeait la plus générale de toutes. Il a aussi déplacé le paragraphe suivant, c'est-à-dire les réflexions qui s'appliquent à la liaison par la volonté du Créateur. »

(M. Fr. Bouillier.)

elles sont semblables généralement dans tous les hommes ; et elles sont absolument nécessaires à la conservation de la vie. C'est pourquoi elles ne dépendent point de notre volonté. Car si la liaison des idées avec les sons et certains caractères est faible et fort différente dans différents pays, c'est qu'elle dépend de la volonté faible et changeante des hommes ; et la raison pour laquelle elle en dépend, c'est parce que cette liaison n'est point absolument nécessaire pour vivre, mais seulement pour vivre comme des hommes qui doivent former entre eux une société raisonnable.

La seconde cause de la liaison des idées avec les traces, c'est l'*identité* du temps. Car il suffit souvent que nous ayons eu certaines pensées dans le temps qu'il y avait dans notre cerveau quelques nouvelles traces, afin que ces traces ne puissent plus se produire sans que nous ayons de nouveau ces mêmes pensées. Si l'idée de Dieu s'est présentée à mon esprit dans le même temps que mon cerveau a été frappé de la vue de ces trois caractères *iah*, où du son de ce même mot, il suffira que les traces que ces caractères ou leur son auront produites se réveillent afin que je pense à Dieu ; et je ne pourrai penser à Dieu, qu'il ne se produise dans mon cerveau quelques traces confuses des caractères ou des sons qui auront accompagné les pensées que j'aurai eues de Dieu, car, le cerveau n'étant jamais sans traces, il y a toujours celles qui ont quelque rapport à ce que nous pensons, quoique souvent ces traces soient fort imparfaites et fort confuses.

La troisième cause de la liaison des idées avec les traces, et qui suppose toujours les deux autres, c'est la volonté des hommes. Cette volonté est nécessaire, afin que cette liaison des idées avec les traces soit réglée et accommodée à l'usage. Car si les hommes n'avaient pas naturellement de l'inclination à convenir entre eux pour attacher leurs idées à des signes sensibles, non seulement cette liaison des idées serait entièrement inutile pour la société, mais elle serait encore fort déréglée et fort imparfaite.

Premièrement, parce que les idées ne se lient fortement avec les traces, que lorsque, les esprits étant agités, ils

rendent ces traces profondes et durables. De sorte que les
esprits n'étant agités que par les passions, si les hommes
n'en avaient aucune pour communiquer leurs sentiments
et pour entrer dans ceux des autres, il est évident que la
liaison exacte de leurs idées à certaines traces serait bien
faible, puisqu'ils ne s'assujettissent à ces liaisons exactes
et régulières que pour se communiquer leurs pensées.

Secondement, la répétition de la rencontre des mêmes
idées avec les mêmes traces étant nécessaire pour former
une liaison qui se puisse conserver longtemps, puisqu'une
première rencontre, si elle n'est accompagnée d'un mouvement violent d'esprits animaux, ne peut faire de fortes
liaisons, il est clair que si les hommes ne voulaient pas
convenir [1], ce serait le plus grand hasard du monde, s'il
arrivait de ces rencontres des mêmes idées et des mêmes
traces. Ainsi la volonté des hommes est nécessaire pour
régler la liaison des mêmes idées avec les mêmes traces,
quoique cette volonté de convenir ne soit pas tant un effet
de leur choix et de leur raison, qu'une impression de l'Auteur de la nature qui nous a tous faits les uns pour les autres,
et avec une inclination très forte à nous unir par l'esprit,
autant que nous le sommes par le corps [2].

Il faut bien remarquer ici que la liaison des idées qui
nous représentent des choses spirituelles distinguées de
nous avec les traces de notre cerveau, n'est point naturelle
et ne le peut être, et par conséquent qu'elle est ou qu'elle
peut être différente dans tous les hommes, puisqu'elle n'a
point d'autre cause que leur volonté ou l'identité du temps,
dont j'ai parlé auparavant. Au contraire, la liaison des idées
de toutes les choses matérielles avec certaines traces particulières est naturelle, et par conséquent il y a certaines
traces qui réveillent la même idée dans tous les hommes.
On ne peut douter, par exemple, que tous les hommes

---

[1] *Convenir*, s'accorder. « On ne
convient pas de l'année précise où
il vint au monde. » (BOSSUET, *Discours sur l'hist. univ.*, part. I*ʳᵉ*,
époque x.)

[2] « Avant Hume, avant les Écos-
sais, avant les contemporains, Malebranche est un des philosophes qui
ont le plus approfondi cette importante question de l'association des
idées. » (M. Fr. BOUILLIER.)

n'aient l'idée d'un carré à la vue d'un carré, parce que cette liaison est naturelle. Mais ils n'ont pas tous l'idée d'un carré lorsqu'ils entendent prononcer ce mot *carré*, parce que cette liaison est entièrement volontaire. Il faut penser la même chose de toutes les traces qui sont liées avec les idées des choses spirituelles.

Mais, parce que les traces qui ont une liaison naturelle avec les idées touchent et appliquent l'esprit, et le rendent par conséquent attentif, la plupart des hommes ont assez de facilité pour comprendre et retenir les vérités sensibles et palpables, c'est-à-dire les rapports qui sont entre les corps. Et au contraire, parce que les traces qui n'ont point d'autre liaison avec les idées que celles que la volonté y a mises, ne frappent point vivement l'esprit, tous les hommes ont assez de peine à comprendre, et encore plus à retenir les vérités arbitraires, c'est-à-dire les rapports qui sont entre les choses qui ne tombent point sous l'imagination. Mais lorsque ces rapports sont un peu composés, ils paraissent absolument incompréhensibles, principalement à ceux qui n'y sont point accoutumés, parce qu'ils n'ont point fortifié la liaison de ces idées abstraites avec leurs traces par une méditation continuelle. Et quoique les autres les aient parfaitement comprises, ils les oublient en peu de temps, parce que cette liaison n'est presque jamais aussi forte que les naturelles.

Il est si vrai que toute la difficulté que l'on a à comprendre et à retenir les choses spirituelles et abstraites, vient de la difficulté que l'on a à fortifier la liaison de leurs idées avec les traces du cerveau, que lorsqu'on trouve moyen d'expliquer par les rapports des choses matérielles ceux qui se trouvent entre les choses spirituelles, on les fait aisément comprendre; et on les imprime de telle sorte dans l'esprit, que non seulement on en est fortement persuadé, mais encore on les retient avec beaucoup de facilité. L'idée générale que l'on a donnée de l'esprit dans le premier chapitre de cet ouvrage, est peut-être une assez bonne preuve de ceci [1].

[1] Livre I, ch. I, § 1.

Au contraire, lorsqu'on exprime les rapports qui se trouvent entre les choses matérielles, de telle manière qu'il n'y a point de liaison nécessaire entre les idées de ces choses et les traces de leurs expressions, on a beaucoup de peine à les comprendre, et on les oublie facilement. Ceux, par exemple, qui commencent l'étude de l'algèbre ou de l'analyse, ne peuvent comprendre les démonstrations algébriques qu'avec beaucoup de peine, et lorsqu'ils les ont une fois comprises, ils ne s'en souviennent pas longtemps, parce que les carrés, par exemple, les parallélogrammes, les cubes, les solides, etc., étant exprimés par *aa, ab, az, abc*, etc., dont les traces n'ont point de liaison naturelle avec des idées, l'esprit ne trouve point de prise pour s'en fixer les idées et pour en examiner les rapports.

Mais ceux qui commencent la géométrie commune conçoivent très clairement et très promptement les petites démonstrations qu'on leur explique, pourvu qu'ils entendent très distinctement les termes dont on se sert, parce que les idées de carré, de cercle, etc., sont liées naturellement avec les traces des figures qu'ils voient devant les yeux. Il arrive même souvent que la seule exposition de la figure qui sert à la démonstration la leur fait plutôt comprendre que les discours qui l'expliquent. Parce que les mots n'étant liés aux idées que par une institution arbitraire, ils ne réveillent pas ces idées avec assez de promptitude et de netteté pour en reconnaître facilement les rapports; car c'est principalement à cause de cela qu'il y a de la difficulté à apprendre les sciences.

On peut en passant reconnaître par ce que je viens de de dire, que ces écrivains qui fabriquent un grand nombre de mots et de caractères nouveaux pour expliquer leurs sentiments, font souvent des ouvrages assez inutiles. Ils croient se rendre intelligibles, lorsqu'en effet ils se rendent incompréhensibles. Nous définissons tous nos termes et tous nos caractères, disent-ils, et les autres en doivent convenir. Il est vrai, les autres en conviennent de volonté; mais leur nature y répugne. Leurs idées ne sont point attachées à ces termes nouveaux, parce qu'il faut pour

cela de l'usage et un grand usage. Les auteurs ont peut-
être cet usage, mais les lecteurs ne l'ont pas. Lorsqu'on
prétend instruire l'esprit, il est nécessaire de le connaître,
parce qu'il faut suivre la nature, et ne pas l'irriter ni la
choquer.

On ne doit pas cependant condamner le soin que prennent les mathématiciens de définir leurs termes, car il est
évident qu'il les [1] faut définir pour ôter les équivoques.
Mais, autant qu'on le peut, il faut se servir de termes qui
soient reçus, ou dont la signification ordinaire ne soit pas
fort éloignée de celle qu'on prétend introduire, et c'est ce
qu'on n'observe pas toujours dans les mathématiques.

On ne prétend pas aussi, par ce qu'on vient de dire,
condamner l'algèbre, telle principalement que M. Descartes l'a rétablie [2]; car encore que la nouveauté de quelques expressions de cette science fasse d'abord quelque
peine à l'esprit, il y a si peu de variété et de confusion
dans ces expressions, et le secours que l'esprit en reçoit
surpasse si fort la difficulté qu'il y a trouvée, qu'on ne
croit pas qu'il se puisse inventer une manière de raisonner
et d'exprimer les raisonnements qui s'accommode mieux
avec la nature de l'esprit, et qui puisse le porter plus
avant dans la découverte des vérités inconnues. Les expressions de cette science ne partagent point la capacité de
l'esprit, elles ne chargent point la mémoire, elles abrègent
d'une manière merveilleuse toutes nos idées et tous nos
raisonnements, et elles les rendent même en quelque ma-

[1] Les écrivains du xviiᵉ siècle
placent d'ordinaire le pronom *le*
avant *il faut* suivi d'un autre verbe.

[2] « Avant Descartes... la notation
(algébrique) que l'on employait était
encore grossière et affectée des rapports matériels par lesquels on liait
l'algèbre à des idées de longueur,
de superficie et de quantité... A
toutes ces notations embarrassantes
et qui retardaient la pensée, Descartes en substitua une claire,
simple, générale et surtout calcu-
lable. Il imagina de mettre un
chiffre au-dessus de la quantité, et
par les différentes valeurs de ce
chiffre il désigna ses diverses puis-
sances. Pour sentir toute l'importance de cette découverte, il ne
faut que jeter les yeux sur les anciennes formules et comparer leur
embarras extrême avec la forme
simple, et, pour ainsi dire, saisis-
sable, que l'emploi des exposants
leur a donné. » (BIOT, *Biogr. univ.*,
art. DESCARTES.)

nière sensibles par l'usage. Enfin leur utilité est beaucoup
plus grande que celle des expressions, quoique naturelles,
des figures dessinées de triangles, de carrés et autres semblables, qui ne peuvent servir à la recherche et à l'exposition des vérités un peu cachées. Mais c'est assez parler de
la liaison des idées avec les traces du cerveau : il est à
propos de dire quelque chose de la liaison des traces les
unes avec les autres, et par conséquent de celle qui est
entre les idées qui répondent à ces traces.

II. Cette liaison consiste en ce que les traces du cerveau
se lient si bien les unes avec les autres, qu'elles ne peuvent plus se réveiller sans toutes celles qui ont été imprimées dans le même temps. Si un homme, par exemple,
se trouve dans quelque cérémonie publique, s'il en remarque toutes les circonstances et toutes les principales
personnes qui y assistent, le temps, le lieu, le jour, et
toutes les autres particularités, il suffira qu'il se souvienne
du lieu, ou même d'une autre circonstance moins remarquable de la cérémonie pour se représenter toutes les
autres. C'est pour cela que, quand nous ne nous souvenons
pas du nom principal d'une chose, nous la désignons suffisamment en nous servant d'un nom qui signifie quelque
circonstance de cette chose : comme ne pouvant pas nous
souvenir du nom propre d'une église, nous pouvons nous
servir d'un autre nom qui signifie une chose qui y a
quelque rapport. Nous pouvons dire : C'est cette église
où il y avait tant de presse, où M*** prêchait, où nous
allâmes dimanche. Et ne pouvant trouver le nom propre
d'une personne, ou étant plus à propos de le désigner
d'une autre manière, on le peut marquer par ce visage
picoté de vérole, ce grand homme bien fait, ce petit bossu,
selon les inclinations qu'on a pour lui, quoiqu'on ait tort
de se servir des paroles de mépris.

Or la liaison mutuelle des traces, et par conséquent des
idées les unes avec les autres, n'est pas seulement le fondement de toutes les figures de rhétorique, mais encore
d'une infinité d'autres choses de plus grande conséquence
dans la morale, dans la politique, et généralement dans

toutes les sciences qui ont quelque rapport à l'homme, et par conséquent de beaucoup de choses dont nous parlerons dans la suite.

La cause de cette liaison de plusieurs traces est l'*identité* du temps auquel elles ont été imprimées dans le cerveau; car il suffit que plusieurs traces aient été produites dans le même temps, afin qu'elles ne puissent plus se réveiller que toutes ensemble, parce que les esprits animaux trouvant le chemin de toutes les traces qui se sont faites dans le même temps entr'ouvert, ils y continuent leur chemin à cause qu'ils y passent plus facilement que par les autres endroits du cerveau. C'est là la cause de la mémoire et des habitudes corporelles qui nous sont communes avec les bêtes[1].

Ces liaisons des traces ne sont pas toujours jointes avec les émotions des esprits, parce que toutes les choses que nous voyons ne nous paraissent pas toujours bonnes ou mauvaises. Ces liaisons peuvent aussi changer et se rompre, parce que, n'étant pas toujours nécessaires à la conservation de la vie, elles ne doivent pas toujours être les mêmes.

Mais il y a dans notre cerveau des traces qui sont liées naturellement les unes avec les autres, et encore avec certaines émotions des esprits, parce que cela est nécessaire à la conservation de la vie, et leur liaison ne peut se rompre ou ne peut se rompre facilement, parce qu'il est bon qu'elle soit toujours la même. Par exemple, la trace d'une grande hauteur que l'on voit au-dessous de soi, et de laquelle on est en danger de tomber, ou la trace de quelque grand corps qui est prêt[2] à tomber sur nous et à

---

[1] « Sauf la différence des termes, c'est la même explication que donne des mêmes faits Herbert Spencer dans ses *Principes de psychologie*. L'action nerveuse se dirige, selon lui, là où elle rencontre la moindre résistance. Charles Bonnet, de Genève, avait aussi reproduit à peu près la même explication physiologique que Malebranche des condi-tions de la mémoire et de l'asso-ciation des idées. » (M. Fr. BOUIL-LIER.)

[2] *Prêt à*, au xviiᵉ siècle, se disait indifféremment pour *près de*; le sens aujourd'hui s'en est restreint. « Je ne suis la fin de personne, et n'ai pas de quoi les satisfaire. Ne suis-je pas *prêt à* mourir? » (PASCAL, *Pensées*.)

nous écraser, est naturellement liée avec celle qui nous représente la mort, et avec une émotion des esprits qui nous dispose à la fuite et au désir de fuir [1]. Cette liaison ne change jamais, parce qu'il est nécessaire qu'elle soit toujours la même, et elle consiste dans une disposition des fibres du cerveau que nous avons dès notre naissance.

Toutes les liaisons qui ne sont point naturelles se peuvent et se doivent rompre, parce que les différentes circonstances des temps et des lieux les doivent changer, afin qu'elles soient utiles à la conservation de la vie. Il est bon que les perdrix, par exemple, fuient les hommes qui ont des fusils, dans les lieux ou dans les temps où on leur fait la chasse; mais il n'est pas nécessaire qu'elle les fuient en d'autres lieux et en d'autres temps. Ainsi, pour la conservation de tous les animaux, il est nécessaire qu'il y ait de certaines liaisons de traces qui se puissent former et détruire facilement, qu'il y en ait d'autres qui ne se puissent rompre que difficilement, et d'autres enfin qui ne se puissent jamais rompre.

Il est très utile de rechercher avec soin les différents effets que ces différentes liaisons sont capables de produire; car ces effets sont en très grand nombre et de très grande conséquence pour la connaissance de l'homme.

III. Pour l'explication de la mémoire [2], il suffit de bien comprendre cette vérité : que toutes nos différentes perceptions sont attachées aux changements qui arrivent aux fibres de la partie principale du cerveau dans laquelle l'âme réside plus particulièrement, parce que, ce seul prin-

---

[1] Malebranche nous représente l'émotion des esprits, qui nous dispose à la fuite, comme naturellement et nécessairement liée à la perception du danger. Quant à la perception même du danger, il a fallu, dans le premier âge, une éducation à nos sens, laquelle nous permit d'en sentir la relation avec l'idée d'une grande hauteur ou d'un précipice.

[2] « On ne connaît pas la nature des modifications produites dans les cellules nerveuses par les impressions sensorielles, ni la double propriété qu'elles ont de conserver ces impressions pour les représenter à l'esprit sous l'influence de l'attention et de les transmettre en mourant à celles qui les remplacent. » (P. BORDES.)

cipe supposé, la nature de la mémoire est expliquée. Car de même que les branches d'un arbre qui ont demeuré [1] quelque temps ployées d'une certaine façon conservent quelque facilité pour être ployées de nouveau de la même manière, ainsi les fibres du cerveau ayant une fois reçu certaines impressions par le cours des esprits animaux et par l'action des objets, gardent assez longtemps quelque facilité pour recevoir ces mêmes dispositions. Or la mémoire ne consiste que dans cette faculté, puisque l'on pense aux mêmes choses lorsque le cerveau reçoit les mêmes impressions.

Comme les esprits animaux agissent tantôt plus et tantôt moins fort sur la substance du cerveau, et que les objets sensibles font des impressions bien plus grandes que l'imagination toute seule, il est facile de là de reconnaître pourquoi on ne se souvient pas également de toutes les choses que l'on a aperçues; pourquoi, par exemple, ce que l'on a aperçu plusieurs fois se présente d'ordinaire à l'âme plus nettement que ce que l'on n'a aperçu qu'une ou deux fois; pourquoi on se souvient plus distinctement des choses qu'on a vues que de celles qu'on a seulement imaginées; et ainsi pourquoi on saura mieux, par exemple, la distribution des veines dans le foie après l'avoir vue une seule fois dans la dissection de cette partie, qu'après l'avoir lue plusieurs fois dans un livre d'anatomie, et d'autres choses semblables.

Que si on veut faire réflexion sur ce qu'on a dit auparavant de l'imagination, et sur le peu qu'on vient de dire de la mémoire, et si l'on est délivré de ce préjugé : que notre cerveau est trop petit pour conserver des vestiges et des impressions en fort grand nombre, on aura le plaisir de découvrir la cause de tous ces effets surprenants de la mémoire, dont parle saint Augustin avec tant d'admiration dans le dixième livre de ses *Confessions*. Et l'on ne veut pas expliquer ces choses plus au long, parce que l'on croit

---

[1] *Demeurer* se conjugue avec l'auxiliaire *avoir* quand il indique une action. Dans cet endroit, l'action est-elle bien marquée?

qu'il est plus à propos que chacun se les explique à soi-même par quelque effort d'esprit, à cause que les choses qu'on découvre par cette voie sont toujours plus agréables et font davantage d'impression sur nous que celles qu'on apprend des autres.

IV. Pour l'explication des *habitudes*, il est nécessaire de savoir la manière dont on a sujet de penser que l'âme remue les parties du corps auquel elle est unie. La voici : Selon toutes les apparences du monde, il y a toujours dans quelques endroits du cerveau, quels qu'ils soient, un assez grand nombre d'esprits animaux très agités par la chaleur du cœur [1] d'où ils sont sortis, et tous prêts de couler dans les lieux où ils trouvent le passage ouvert. Tous les nerfs aboutissent au réservoir de ces esprits, et l'âme a le pouvoir [2] de déterminer leur mouvement et de les conduire par ces nerfs dans tous les muscles du corps. Ces esprits y étant entrés, ils les enflent et par conséquent les raccourcissent [3]. Ainsi ils remuent [4] les parties auxquelles ces muscles sont attachés.

On n'aura pas de peine à se persuader que l'âme remue le corps de la manière qu'on vient d'expliquer, si on prend

---

[1] « *La chaleur du cœur*. La température de notre corps est de trente-sept degrés centigrades. Le cœur ne réchauffe pas le sang, pas plus que le poumon ; ce dernier, au contraire, le refroidit. Les seules sources de la chaleur animale sont les combustions qui se produisent dans les capillaires, dans l'intimité des tissus. » (P. BORDES.)

[2] « J'expliquerai ailleurs en quoi consiste ce pouvoir. » (Note de Malebranche.) C'est par les nerfs que l'âme agit sur un membre ; car si on coupe les nerfs moteurs, la volonté est impuissante à le mouvoir, la sensibilité restant d'ailleurs dans ce membre. (P. BORDES.)

[3] « *Ils les raccourcissent*. On sait depuis Haller que la contractilité est une propriété inhérente au muscle lui-même ; elle est indépendante du système nerveux. Quand un muscle se contracte, il se raccourcit et devient le siège d'une série d'ondulations qui le parcourent avec une vitesse d'un mètre par seconde. Le raccourcissement du muscle est égal au tiers environ de sa longueur. » (P. BORDES.)

[4] « *Ils remuent*. Un centimètre carré de muscle chez l'homme peut engendrer en se contractant une force évaluée à six ou sept kilogrammes environ. Sous ce rapport, l'homme est loin d'être aussi bien partagé que certains animaux : un hanneton tire un poids égal à vingt fois celui de son corps. » (P. BORDES.)

garde que lorsqu'on a été longtemps sans manger[1], on a
beau vouloir donner de certains mouvements à son corps,
on n'en peut venir à bout, et même l'on a quelque peine
à le soutenir sur ses pieds. Mais si on trouve moyen de faire
couler dans son cœur quelque chose de fort spiritueux,
comme du vin ou quelque autre pareille nourriture, on
sent aussitôt[2] que le corps obéit avec beaucoup plus de facilité, et l'on se remue en toutes les manières qu'on souhaite. Car cette seule expérience fait, ce me semble, assez
voir que l'âme ne pouvait donner de mouvement à son
corps faute d'esprits animaux, et que c'est par leur moyen
qu'elle a recouvré son empire sur lui.

Or les enflures des muscles sont si visibles et si sensibles dans les agitations de nos bras et de toutes les parties de notre corps, et il est si raisonnable de croire que
ces muscles ne se peuvent enfler que parce qu'il y entre
quelque corps, de même qu'un ballon ne peut se grossir
ni s'enfler que parce qu'il y entre de l'air ou autre chose,
qu'il semble qu'on ne puisse douter que les esprits animaux ne soient poussés du cerveau par les nerfs jusque
dans les muscles pour les enfler et pour y produire tous
les mouvements que nous souhaitons. Car un muscle étant
plein, il est nécessairement plus court que s'il était
unique; ainsi il tire et remue la partie à laquelle il est
attaché, comme on le peut voir[3] expliqué plus au long
dans les livres des *Passions* et de *l'Homme* de M. Descartes.
On ne donne pas cependant cette explication comme parfaitement démontrée dans toutes ses parties. Pour la rendre
entièrement évidente, il y a encore plusieurs choses à désirer, desquelles il est presque impossible de s'éclaircir.
Mais il est assez inutile de les savoir pour notre sujet;
car que cette explication soit vraie ou fausse, elle ne laisse
pas d'être également utile pour faire connaître la nature

---

[1] *Sans manger.* « L'homme ne
peut vivre plus de huit à quinze
jours sans aliments ; il peut à peine
vivre cinq jours sans boire. »
(P. BORDES.)

[2] *Aussitôt.* « Les boissons, en effet,
sont immédiatement absorbées dans
l'estomac par les vaisseaux lympha-
tiques. » (P. BORDES.)

[3] *On le peut voir,* pour *on peut
le voir.* C'est un tour que le xviiᵉ
siècle emploie fréquemment.

des habitudes ; parce que si l'âme ne remue point le corps de cette manière, elle le remue nécessairement de quelque autre qui est assez semblable pour en tirer les conséquences que nous en tirons.

Mais afin de suivre notre explication, il faut remarquer que les esprits ne trouvent pas toujours les chemins par où ils doivent passer assez ouverts et assez libres ; et que cela fait que nous avons, par exemple, de la difficulté à remuer les doigts avec la vitesse qui est nécessaire pour jouer des instruments de musique, ou les muscles qui servent à la prononciation pour prononcer les mots d'une langue étrangère ; mais que peu à peu les esprits animaux par leur cours continuel ouvrent et aplanissent ces chemins, en sorte qu'avec le temps ils n'y trouvent plus de résistance. Or c'est dans cette facilité que les esprits animaux ont de passer dans les membres de notre corps, que consistent les *habitudes*.

Il est très facile, selon cette explication, de résoudre une infinité de questions qui regardent les habitudes ; comme, par exemple, pourquoi les enfants sont plus capables d'acquérir de nouvelles habitudes que les personnes plus âgées ; pourquoi il est très difficile de perdre de vieilles habitudes ; pourquoi les hommes à force de parler ont acquis une si grande facilité à cela, qu'ils prononcent leurs paroles avec une vitesse incroyable, et même sans y penser, comme il n'arrive que trop souvent à ceux qui disent des prières qu'ils ont accoutumé de faire depuis plusieurs années. Cependant, pour prononcer un seul mot, il faut remuer dans un certain temps et dans un certain ordre plusieurs muscles à la fois, comme ceux de la langue, des lèvres, du gosier et du diaphragme[1]. Mais on pourra avec un peu de méditation se satisfaire sur ces questions et sur plusieurs autres très curieuses et assez utiles, et il n'est pas nécessaire de s'y arrêter.

Il est visible, par ce que l'on vient de dire, qu'il y a

[1] Muscle très large et fort mince qui sépare la poitrine de l'abdomen et qui joue un grand rôle dans la respiration.

beaucoup de rapport entre la mémoire et les habitudes, et qu'en un sens la mémoire peut passer pour une espèce d'habitude [1]. Car de même que les habitudes corporelles consistent dans la facilité que les esprits ont acquise de passer par certains endroits de notre corps, ainsi la mémoire consiste dans les traces que les mêmes esprits ont imprimées dans le cerveau, lesquelles sont cause de la facilité que nous avons de nous souvenir des choses. De sorte que s'il n'y avait point de perceptions attachées aux cours des esprits animaux ni à ces traces, il n'y aurait aucune différence entre la mémoire [2] et les autres habitudes.

Il n'est pas aussi plus difficile de concevoir que les bêtes, quoique sans âme et incapables d'aucune perception, se souviennent en leur manière des choses qui ont fait impression dans leur cerveau, que de concevoir qu'elles soient capables d'acquérir différentes habitudes. Et après ce que je viens de dire des habitudes, je ne vois pas qu'il y ait beaucoup plus de difficulté à se représenter comment les membres de leurs corps acquièrent peu à peu différentes habitudes, qu'à concevoir comment une machine nouvellement faite ne joue pas si facilement que lorsqu'on en a fait quelque usage [3].

[1] « Expliquer la mémoire par l'habitude, comme on l'a fait de nos jours, n'est pas, on le voit, chose nouvelle. Toutefois Malebranche se borne à dire qu'en *un sens* la mémoire est une espèce d'habitude. C'est en effet une habitude d'un genre tout particulier, une habitude qui a conscience d'elle-même, ce qui la distingue profondément de toutes les autres. » (M. Fr. BOUILLIER.)

[2] Voyez le 7ᵉ éclaircissement sur la mémoire et les habitudes spirituelles. (*Note de Malebranche.*)

[3] Outre l'argument d'analogie qui nous permet d'inférer que les organes de l'animal lui procurent des sensations, comme nos organes nous en procurent à nous-mêmes, on peut battre Malebranche sur un terrain qui lui est particulièrement cher, sur celui de la *simplicité des voies.* « N'est-il pas plus simple, en effet, d'admettre dans l'animal un *sensorium*, une conscience où toutes les impressions se centralisent et s'ordonnent suivant les circonstances, qu'un mécanisme dont la complication devrait aller à l'infini ? » (M. RABIER, *Leçons de philosophie.* I. *Psychologie*, ch. XLVIII, § 1.)

SECONDE PARTIE

SUITE DE L'IMAGINATION

CHAPITRE I

I. De l'imagination des femmes. — II. De celle des hommes.
— III. De celle des vieillards.

Nous avons donné quelque idée des causes physiques du
dérèglement de l'imagination des hommes dans l'autre
partie; nous tâcherons dans celle-ci de faire quelque application de ces causes aux erreurs les plus générales, et nous
parlerons encore des causes de nos erreurs que l'on peut
appeler morales.

On a pu voir, par les choses qu'on a dites dans le chapitre précédent, que la délicatesse des fibres du cerveau
est une des principales causes qui nous empêchent de pouvoir apporter assez d'application pour découvrir les vérités
un peu cachées.

I. Cette délicatesse des fibres se rencontre ordinairement dans les femmes, et c'est ce qui leur donne cette
grande intelligence pour tout ce qui frappe les sens. C'est
aux femmes à décider des modes, à juger de la langue[1], à
discerner le bon air et les belles manières. Elles ont plus

---

[1] Malebranche a bien un peu l'air de railler; mais le contemporain de Mme de Sévigné et de Mme de Main-tenon dit plus vrai qu'il ne pense peut-être.

de science, d'habileté et de finesse que les hommes sur ces choses. Tout ce qui dépend du goût est de leur ressort; mais pour l'ordinaire elles sont incapables de pénétrer les vérités un peu difficiles à découvrir. Tout ce qui est abstrait leur est incompréhensible. Elles ne peuvent se servir de leur imagination pour développer [1] les questions composées et embarrassées. Elles ne considèrent que l'écorce des choses; et leur imagination n'a point assez de force et d'étendue pour en percer le fond, et pour en comparer toutes les parties sans se distraire. Une bagatelle est capable de les détourner, le moindre cri les effraye, le plus petit mouvement les occupe. Enfin la manière et non la réalité des choses suffit pour remplir toute la capacité de leur esprit : parce que les moindres objets produisant de grands mouvements dans les fibres délicates de leur cerveau, elles excitent par une suite nécessaire dans leur âme des sentiments assez vifs et assez grands pour l'occuper toute entière.

S'il est certain que cette délicatesse des fibres du cerveau est la principale cause de tous ces effets, il n'est pas de même certain qu'elle se rencontre généralement dans toutes les femmes. Ou si elle s'y rencontre, leurs esprits animaux ont quelquefois une telle proportion avec les fibres du cerveau, qu'il se trouve des femmes qui ont plus de solidité d'esprit que quelques hommes. C'est dans un certain tempérament [1] de la grosseur et de l'agitation des esprits animaux avec les fibres du cerveau, que consiste la force de l'esprit, et les femmes ont quelquefois ce juste tempérament. Il y a des femmes fortes et constantes, et il y a des hommes faibles et inconstants. Il y a des femmes savantes, des femmes courageuses, des femmes capables de tout; et il se trouve au contraire des hommes mous et efféminés, incapables de rien pénétrer et de rien exécuter. Enfin quand nous attribuons quelques défauts à un sexe, à certains âges, à certaines conditions, nous ne l'entendons

---

[1] *Développer*, expliquer. Au propre d'abord et aussi au figuré, c'est ôter l'enveloppe qui contient quelque chose.

[2] *Tempérament*, juste mélange.

que pour l'ordinaire, en supposant toujours qu'il n'y a point de règle générale sans exception.

Car il ne faut pas s'imaginer que tous les hommes, ou toutes les femmes de même âge, ou de même pays, ou de même famille, aient le cerveau de même constitution. Il est plus à propos de croire que, comme on ne peut trouver deux visages qui se ressemblent entièrement, on ne peut trouver deux imaginations tout à fait semblables; et que tous les hommes, les femmes et les enfants ne diffèrent entre eux que du plus et du moins dans la délicatesse des fibres de leur cerveau. Car de même qu'il ne faut pas supposer trop vite une *identité* essentielle entre des choses entre lesquelles on ne voit point de différence, il ne faut pas mettre aussi des différences essentielles, où on ne trouve pas de parfaite *identité*. Car ce sont là des défauts où l'on tombe ordinairement.

Ce qu'on peut donc dire des fibres du cerveau, c'est que d'ordinaire elles sont très molles et très délicates dans les enfants, qu'avec l'âge elles se durcissent et se fortifient, que cependant la plupart des femmes et quelques hommes les ont toute leur vie extrêmement délicates. On ne saurait rien déterminer davantage. Mais c'est assez parler des femmes et des enfants; ils ne se mêlent pas de rechercher la vérité et d'en instruire les autres; ainsi leurs erreurs ne portent pas beaucoup de préjudice, car on ne les croit guère dans les choses qu'ils avancent[1]. Parlons des hommes faits, de ceux dont l'esprit est dans sa force et dans sa vigueur, et que l'on pourrait croire capables de trouver la vérité et de l'enseigner aux autres.

II. Le temps ordinaire de la plus grande perfection de l'esprit est depuis trente jusqu'à cinquante ans[2]. Les fibres

---

[1] Cette indifférence dédaigneuse n'est pas justifiée par l'expérience. La mère est la première institutrice de l'enfant : dira-t-on que ses erreurs (quand ces erreurs sont graves) *ne portent pas beaucoup de préjudice?*

[2] Et après? « De cinquante-cinq ans à soixante-quinze, et quelquefois au delà, la vie de l'esprit a une étendue, une consistance, une solidité remarquables; c'est véritablement l'homme ayant atteint toute la hauteur de ses facultés. » (Dr REVEILLÉ-PARISE, cité par

du cerveau en cet âge ont acquis pour l'ordinaire une consistance médiocre. Les plaisirs et les douleurs des sens ne font plus sur nous tant d'impression. De sorte qu'on n'a plus à se défendre que des passions violentes qui arrivent rarement, et desquelles on peut se mettre à couvert, si on en évite avec soin toutes les occasions. Ainsi l'âme n'étant plus divertie par les choses sensibles, elle peut contempler facilement la vérité.

Un homme dans cet état, et qui ne serait point rempli des préjugés de l'enfance, qui dès sa jeunesse aurait acquis de la facilité pour la méditation, qui ne voudrait s'arrêter qu'aux notions claires et distinctes de l'esprit, qui rejetterait soigneusement toutes les idées confuses des sens, et qui aurait le temps et la volonté de méditer, ne tomberait sans doute que difficilement dans l'erreur. Mais ce n'est pas de cet homme dont [1] il faut parler; c'est des hommes du commun, qui n'ont pour l'ordinaire rien de celui-ci.

Je dis donc que la solidité et la constance qui se rencontrent avec l'âge dans les fibres du cerveau des hommes, fait la solidité et la consistance de leurs erreurs, s'il est permis de parler ainsi. C'est le sceau qui scelle leurs préjugés et toutes leurs fausses opinions, et qui les met à couvert de la force de la raison. Enfin, autant que cette constitution des fibres du cerveau est avantageuse aux personnes bien élevées, autant est-elle désavantageuse à la plus grande partie des hommes, puisqu'elle confirme les uns et les autres dans les pensées où ils sont.

Mais les hommes ne sont pas seulement confirmés dans leurs erreurs, quand ils sont venus à l'âge de quarante ou cinquante ans. Ils sont encore plus sujets à tomber dans de nouvelles: parce que, se croyant alors capables de juger de tout, comme en effet ils le devraient être, ils décident

---

M. Flourens, *De la longévité humaine*, Ire partie, II, § 2.) Racine donnait *Athalie* à cinquante-deux ans; Bossuet, à soixante et un ans, publiait l'*Histoire des Variations*. Mais la maturité et la vieillesse ne sont vigoureuses et fécondes que

lorsque la jeunesse a été laborieuse et sobre : « l'automne de la vie ne recueille que ce que chaque jour a semé. » (P. GRATRY, *les Sources*, v.)

1 C'est à *vous*, mon esprit, à *qui je* veux parler.

(BOILEAU, *Sat.* IX., *A son esprit.*)

avec présomption, et ne consultent que leurs préjugés; car les hommes ne raisonnent des choses que par rapport aux idées qui leur sont les plus familières. Quand un chimiste veut raisonner de quelque corps naturel, ses trois principes [1] lui viennent d'abord en l'esprit. Un péripatéticien pense d'abord aux quatre éléments et aux quatre premières qualités [2], et un autre philosophe rapporte tout à d'autres principes. Ainsi il ne peut entrer dans l'esprit d'un homme rien qui ne soit incontinent infecté des erreurs auxquelles il est sujet, et qui n'en augmente le nombre.

Cette consistance des fibres du cerveau a encore un très mauvais effet, principalement dans les personnes plus âgées, qui est de les rendre incapables de méditation. Ils ne peuvent apporter d'attention à la plupart des choses qu'ils veulent savoir, et ainsi ils ne peuvent pénétrer les vérités un peu cachées. Ils ne peuvent goûter les sentiments les plus raisonnables, lorsqu'ils sont appuyés sur des principes qui leur paraissent nouveaux, quoiqu'ils soient d'ailleurs fort intelligents dans les choses dont l'âge leur a donné beaucoup d'expérience. Mais tout ce que je dis ici ne s'entend que de ceux qui ont passé leur jeunesse sans faire usage de leur esprit et sans s'appliquer.

Pour éclaircir ces choses, il faut savoir que nous ne pouvons apprendre quoi que ce soit, si nous n'y apportons de l'attention; et que nous ne saurions guère être attentifs à quelque chose, si nous ne l'imaginons et ne nous la représentons vivement dans notre cerveau. Or, afin que nous puissions imaginer quelques objets, il est nécessaire que nous fassions plier quelque partie de notre cerveau, ou que nous lui imprimions quelque autre mouvement pour pouvoir former les traces auxquelles sont attachées les idées qui

---

[1] Allusion à la doctrine de Paracelse (1491-1541). « Le ternaire paracelsique comprend le *sel*, le *soufre* et le *mercure*. Ces trois mots n'ont, dans Paracelse, aucune signification précise; ce sont des termes génériques. (P. BORDES.)

[2] Les quatre éléments étaient : la terre, le feu, l'air et l'eau. A ces quatre éléments, Aristote ajoute une *quinte essence*, l'éther. Les quatre qualités qui servaient à combiner ces quatre éléments étaient le chaud, le sec, le froid et l'humide.

nous représentent ces objets. De sorte que si les fibres du cerveau se sont un peu durcies, elles ne seront capables que de l'inclination et des mouvements qu'elles auront eus autrefois. Et ainsi l'âme ne pourra imaginer, ni par conséquent être attentive à ce qu'elle voulait, mais seulement aux choses qui lui sont familières.

De là il faut conclure qu'il est très avantageux de s'exercer à méditer sur toutes sortes de sujets, afin d'acquérir une certaine facilité de penser à ce qu'on veut. Car de même que nous acquérons une grande facilité de remuer les doigts de nos mains en toutes manières et avec une très grande vitesse par le fréquent usage que nous en faisons en jouant des instruments, ainsi les parties de notre cerveau, dont le mouvement est nécessaire pour imaginer ce que nous voulons, acquièrent par l'usage une certaine facilité à se plier, qui fait que l'on imagine les choses que l'on veut avec beaucoup de facilité, de promptitude et même de netteté.

Or le meilleur moyen d'acquérir cette habitude qui fait la principale différence d'un homme d'esprit d'avec un autre, c'est de s'accoutumer dès sa jeunesse à chercher la vérité des choses même fort difficiles, parce qu'en cet âge les fibres du cerveau sont capables de toutes sortes d'inflexions.

Je ne prétends pas néanmoins que cette facilité se puisse acquérir par ceux qu'on appelle gens d'étude, qui ne s'appliquent qu'à lire sans méditer et sans rechercher par eux-mêmes la résolution des questions avant que de la lire dans les auteurs. Il est assez visible que par cette voie l'on n'acquiert que la facilité de se souvenir des choses qu'on a lues. On remarque tous les jours que ceux qui ont beaucoup de lecture ne peuvent apporter d'attention aux choses nouvelles dont on leur parle, et que la vanité de leur érudition les portant à en vouloir juger avant que de les concevoir, les fait tomber dans des erreurs grossières, dont les autres hommes ne sont pas capables.

Mais quoique le défaut d'attention soit la principale cause de leurs erreurs, il y en a encore une qui leur est particulière. C'est que trouvant toujours dans leur mémoire une infinité d'espèces confuses, ils en prennent d'abord quelqu'une qu'ils considèrent comme celle dont il est question; et parce que les choses qu'on dit ne lui conviennent point, ils jugent ridiculement qu'on se trompe. Quand on veut leur représenter qu'ils se trompent eux-mêmes, et qu'ils ne savent pas seulement l'état de la question, ils s'irritent, et, ne pouvant concevoir ce qu'on leur dit, ils continuent de s'attacher à cette fausse espèce que leur mémoire leur a présentée. Si on leur en montre trop manifestement la fausseté, ils en substituent une seconde et une troisième, qu'ils défendent quelquefois contre toute apparence de vérité et même contre leur propre conscience, parce qu'ils n'ont guère de respect ni d'amour pour la vérité, et qu'ils ont beaucoup de confusion et de honte à reconnaître qu'il y a des choses qu'on sait mieux qu'eux.

III. Tout ce qu'on a dit des personnes de quarante et de cinquante ans se doit encore entendre avec plus de raison des vieillards, parce que les fibres de leur cerveau sont encore plus inflexibles, et que, manquant d'esprits animaux pour y tracer de nouveaux vestiges, leur imagination est toute languissante. Et comme d'ordinaire les fibres de leur cerveau sont mêlées avec beaucoup d'humeurs superflues, ils perdent peu à peu la mémoire des choses passées, et tombent dans les faiblesses ordinaires aux enfants. Ainsi dans l'âge décrépit, ils ont les défauts qui dépendent de la constitution des fibres du cerveau, lesquels se rencontrent dans les enfants et dans les hommes faits, quoique l'on puisse dire qu'ils sont plus sages que les uns et les autres, à cause qu'ils ne sont plus si sujets à leurs passions qui viennent de l'émotion des esprits animaux.

On n'expliquera pas ces choses davantage, parce qu'il est facile de juger de cet âge par les autres dont on a parlé auparavant, et de conclure que les vieillards ont encore plus de difficulté que tous les autres à concevoir ce qu'on leur dit, qu'ils sont plus attachés à leurs préjugés et à leurs anciennes opinions, et, par conséquent, qu'ils sont encore plus confirmés dans leurs erreurs et dans leurs mauvaises habitudes, et autres choses semblables. On avertit seulement que l'état de vieillard n'arrive pas précisément à soixante ou à soixante et dix ans, que tous les vieillards ne radotent pas [1], que tous ceux qui ont passé soixante ans ne sont pas toujours délivrés des passions des jeunes gens, et qu'il ne faut pas tirer des conséquences trop générales des principes que l'on a établis.

CHAPITRE II

Que les esprits animaux vont d'ordinaire dans les traces des idées qui nous sont les plus familières, ce qui fait qu'on ne juge point sainement des choses.

Je crois avoir suffisamment expliqué dans les chapitres précédents les divers changements qui se rencontrent dans les esprits animaux et dans la constitution des fibres du cerveau, selon les différents âges. Ainsi, pourvu qu'on médite un peu ce que j'en ai dit, on aura bientôt une connaissance assez distincte de l'imagination et des causes physiques les plus ordinaires des différences que l'on remarque entre les esprits, puisque tous les changements qui arrivent à l'imagination et à l'esprit ne sont que des suites de ceux qui se rencontrent dans les esprits animaux et dans les fibres dont le cerveau est composé.

Mais il y a plusieurs causes particulières et qu'on pourrait appeler morales, des changements qui arrivent à l'i-

[1] Le trait est joli; mais Malebranche, qui devait garder jusqu'à la fin ses puissantes facultés, est-il équitable pour la vieillesse? Il en montre les lacunes plus que les ressources. « Dans la vieillesse, a dit M. Flourens (loc. cit.), l'attention fuit, mais la réflexion s'accroît; la vieillesse est l'âge où le cœur humain se replie sur lui-même et se sait le mieux. »

magination des hommes, savoir : leurs différentes conditions, leurs différents emplois, en un mot leurs différentes
manières de vivre, à la considération desquelles il faut
s'attacher, parce que ces sortes de changements sont cause
d'un nombre presque infini d'erreurs, chaque personne
jugeant des choses par rapport à sa condition. On ne croit
pas devoir s'arrêter à expliquer les effets de quelques
causes moins ordinaires, comme des grandes maladies,
des malheurs surprenants et des autres accidents inopinés,
qui font des impressions très violentes dans le cerveau et
même qui le bouleversent entièrement, parce que ces
choses arrivent rarement, et que les erreurs où tombent
ces sortes de personnes sont si grossières, qu'elles ne sont
point contagieuses, puisque tout le monde les reconnaît
sans peine.

Afin de comprendre parfaitement tous les changements
que les différentes conditions produisent dans l'imagination, il est absolument nécessaire de se souvenir que nous
n'imaginons les objets qu'en nous en formant des images ;
et que ces images ne sont autres choses que les traces que
les esprits animaux font dans le cerveau, que nous imaginons les choses d'autant plus fortement que ces traces sont
plus profondes et mieux gravées, et que les esprits animaux y ont passé plus souvent et avec plus de violence ; et
que lorsque les esprits y ont passé plusieurs fois, ils y entrent avec plus de facilité que dans d'autres endroits tout
proches, par lesquels ils n'ont jamais passé, ou par lesquels ils n'ont point passé si souvent. Ceci est la cause la
plus ordinaire de la confusion et de la fausseté de nos
idées. Car les esprits animaux qui ont été dirigés par l'action des objets extérieurs, ou même par les ordres de
l'âme, pour produire dans le cerveau de certaines traces,
en produisent souvent d'autres qui, à la vérité, leur ressemblent en quelque chose, mais qui ne sont point tout à
fait les traces de ces mêmes objets, ni celles que désirait
l'âme de se représenter[1], parce que les esprits animaux

---

[1] D'après l'Académie, *désirer*, suivi d'un infinitif avec *de*, c'est dé- sirer une chose incertaine, éloignée, difficile ; sans *de*, c'est désirer une

trouvant quelque résistance dans les endroits du cerveau par où il fallait passer, ils se détournent facilement pour entrer en foule dans les traces profondes des idées qui nous sont plus familières. Voici des exemples fort grossiers et très sensibles de tout ceci.

Lorsque ceux qui ont la vue un peu courte regardent la lune, ils y voient ordinairement deux yeux, un nez, une bouche; en un mot, il leur semble qu'ils y voient un visage. Cependant il n'y a rien dans la lune de ce qu'ils pensent y voir. Plusieurs personnes y voient toute autre chose[1]. Et ceux qui croient que la lune est telle qu'elle leur paraît, se détromperont facilement s'ils la regardent avec des lunettes d'approche si petites qu'elles soient, ou s'ils consultent les descriptions qu'Hevelius, Riccioli[2] et d'autres en ont données au public. Or la raison pour laquelle on voit ordinairement un visage dans la lune, et non pas les taches irrégulières qui y sont, c'est que les traces du visage qui sont dans notre cerveau sont très profondes, à cause que nous regardons souvent des visages et avec beaucoup d'attention. De sorte que les esprits animaux trouvant de la résistance dans les autres endroits du cerveau, ils se détournent facilement de la direction que la lumière de la lune leur imprime quand on la regarde, pour entrer dans ces traces auxquelles les idées de visage sont attachées par la nature. Outre que la grandeur apparente de la lune n'étant pas fort différente de celle d'une tête ordinaire dans une certaine distance, elle forme par son impression des traces qui ont beaucoup de liaison avec celles qui représentent un nez, une bouche et des yeux, et ainsi elle détermine les esprits à prendre leur cours dans les traces d'un visage. Il y en a qui voient dans la

---

chose aisée, prochaine. L'usage des maîtres ne paraît pas justifier cette distinction.

[1] « *Autre chose*, dans le sens vague, est employé au masculin. » (LITTRÉ.)

[2] Jean Hevelius, illustre astro-nome, né à Dantzig en 1611, mort en 1687. Jean-Baptiste Riccioli, jésuite, né à Ferrare en 1598, mort à Bologne en 1671; célèbre par les services qu'il a rendus à l'astronomie, à la géographie et à la chronologie.

lune un homme à cheval, ou quelque autre chose qu'un visage, parce que leur imagination ayant été vivement frappée de certains objets, les traces de ces objets se rouvrent par la moindre chose qui y a rapport.

C'est aussi pour cette même raison que nous nous imaginons voir des chariots, des hommes, des lions ou d'autres animaux dans les nues, quand il y a quelque peu de rapport entre leurs figures et ces animaux; et que tout le monde, et principalement ceux qui ont coutume de dessiner, voient quelquefois des têtes d'hommes sur des murailles, où il y a plusieurs taches irrégulières.

C'est encore pour cette raison que les esprits de vin [1], entrant sans direction de la volonté dans les traces les plus familières, font découvrir les secrets de la plus grande importance; et que quand on dort on songe ordinairement aux objets que l'on a vus pendant le jour, qui ont formé de plus grandes traces dans le cerveau, parce que l'âme se représente toujours les choses dont elle a des traces plus grandes et plus profondes. Voici d'autres exemples plus composés.

Une maladie est nouvelle; elle fait des ravages qui surprennent le monde. Cela imprime des traces si profondes dans le cerveau, que cette maladie est toujours présente à l'esprit. Si cette maladie est appelée, par exemple, le scorbut, toutes les maladies seront le scorbut. Le scorbut [2] est nouveau, toutes les nouvelles maladies seront le scorbut. Le scorbut est accompagné d'une douzaine de symptômes, dont il y en aura beaucoup de communs à d'autres mala-

---

[1] « Le vin est si spiritueux, que ce sont des esprits animaux presque tous formés; mais des esprits libertins, qui ne se soumettent pas volontiers à l'ordre de la volonté, à cause apparemment de leur facilité à être mus... Il produit dans l'esprit bien des effets, qui ne sont pas si avantageux que ceux qu'Horace décrit dans ces vers :
Quid non ebrietas designat? Operta recludit;
Spes jubet esse ratas, etc.
(*Rech. de la vérité*, liv. II, *De l'imagination*, ch. II.)

[2] *Scorbut*, « maladie caractérisée par l'affaiblissement général, par des hémorragies, des ecchymoses livides, et la tuméfaction des gencives. L'abus du régime animal et l'absence des légumes frais en sont les principales causes. » (P. BORDES.)

dies; cela n'importe. S'il arrive qu'un malade ait quelqu'un de ces symptômes, il sera malade du scorbut, et on ne pensera pas seulement aux autres maladies qui ont les mêmes symptômes. On s'attendra que tous les accidents qui sont arrivés à ceux qu'on a vus malades du scorbut lui arrivent aussi. On lui donnera les mêmes médecines, et on sera surpris de ce qu'elles n'ont pas le même effet qu'on a vu dans les autres [1].

Un auteur s'applique à un genre d'étude, les traces du sujet de son occupation s'impriment si profondément et rayonnent si vivement dans tout son cerveau, qu'elles confondent et qu'elles effacent quelquefois les traces des choses même fort différentes. Il y en a eu un, par exemple, qui a fait plusieurs volumes sur la croix; cela lui a fait voir des croix partout, et c'est avec raison que le Père Morin [2] le raille de ce qu'il croyait qu'une médaille représentait une croix, quoiqu'elle représentât toute autre chose. C'est par un semblable tour d'imagination que Gilbert [3] et plusieurs autres, après avoir étudié l'aimant et admiré ses propriétés, ont voulu rapporter à des qualités *magnétiques* un très grand nombre d'effets naturels qui n'y ont pas le moindre rapport.

Les exemples qu'on vient d'apporter suffisent pour prouver que cette grande facilité qu'a l'imagination à se représenter les objets qui lui sont familiers, et la difficulté qu'elle éprouve à imaginer ceux qui lui sont nouveaux, fait que les hommes se forment presque toujours des idées qu'on peut appeler mixtes et impures, et que l'esprit ne juge des choses que par rapport à soi-même et à ses premières pensées. Ainsi les différentes passions des hommes, leurs inclinations, leurs conditions, leurs emplois, leurs

[1] « Cela est toujours vrai du choléra, par exemple, comme du scorbut. » (M. Fr. BOUILLIER.)

[2] Jean Morin, prêtre de l'Oratoire, d'une érudition immense, né à Blois en 1591, mort à Paris en 1659. On lui doit des travaux considérables sur la critique biblique et sur l'histoire des sacrements.

[3] « Médecin et physicien anglais né en 1540, mort en 1603, auteur d'un ouvrage sur l'aimant: *De magnete magneticisque corporibus et de magno magnete, tellure, philosophia nova.* Londres, 1600, in-4º. » (M. Fr. BOUILLIER.)

qualités, leurs études, enfin toutes les différentes manières
de vivre, mettant de fort grandes différences dans leurs
idées, cela les fait tomber dans un nombre infini d'erreurs,
que nous expliquerons dans la suite. Et c'est ce qui a fait
dire au chancelier Bacon [1] ces paroles fort judicieuses.
« Omnes perceptiones tam sensus quam mentis sunt ex
analogia hominis non ex analogia universi : estque intellectus humanus instar speculi inæqualis ad radios rerum
qui suam naturam naturæ rerum immiscet, eamque distor-
quet et inficit [2]. »   .

CHAPITRE III

I. Que les personnes d'étude sont les plus sujettes à l'erreur. —
II. Raisons pour lesquelles on aime mieux suivre l'autorité
que de faire usage de son esprit.

Les différences qui se trouvent dans les manières de
vivre des hommes sont presque infinies. Il y a un très
grand nombre de différentes conditions, de différents emplois, de différentes charges, de différentes communautés.
Ces différences font que presque tous les hommes agissent
pour des desseins tout différents, et qu'ils raisonnent sur
de différents principes. Il serait même assez difficile de
trouver plusieurs personnes qui eussent entièrement les

[1] François Bacon, chancelier d'Angleterre, né à Londres en 1561, mort
en 1626, d'un caractère bien inférieur à son génie. Nul n'a été préoccupé plus que lui de la question
de méthode; et la méthode qu'il
préconise, c'est la méthode induc-
tive, celle qui s'appuie sur l'expérience, et qui, des faits particuliers, s'élève aux lois générales.

[2] « Toutes les perceptions, soit
des sens soit de l'esprit, sont relatives à l'homme, non à l'univers.
L'entendement humain est comme
un miroir non aplani qui, recevant
les rayons des choses, mêle sa nature à leur nature, en altère et en
défigure les images. » (*Novum or-
ganum,* liv. I, XLI.)

mêmes vues dans une même communauté, dans laquelle les particuliers ne doivent avoir qu'un même esprit et que les mêmes desseins. Leurs différents emplois et leurs différentes liaisons mettent nécessairement quelque différence dans le tour et la manière qu'ils veulent prendre pour exécuter les choses même dont ils conviennent. Cela fait bien voir que ce serait entreprendre l'impossible, que de vouloir expliquer en détail les causes morales de l'erreur; mais aussi il serait assez inutile de le faire ici. On veut seulement parler des manières de vivre qui portent à un plus grand nombre d'erreurs, et à des erreurs de plus grande importance. Quand on les aura expliquées, on aura donné assez d'ouverture à l'esprit pour aller plus loin, et chacun pourra voir, tout d'une vue et avec grande facilité, les causes très cachées de plusieurs erreurs particulières, qu'on ne pourrait expliquer qu'avec beaucoup de temps et de peine. Quand l'esprit voit clair, il se plaît à courir à la vérité, et il y court d'une vitesse qui ne se peut exprimer.

I. L'emploi duquel il semble le plus nécessaire de parler ici, à cause qu'il produit dans l'imagination des hommes des changements plus considérables et qui conduisent davantage à l'erreur, c'est l'emploi des personnes d'étude, qui font plus d'usage de leur mémoire que de leur esprit. Car l'expérience a toujours fait connaître que ceux qui se sont appliqués avec plus d'ardeur à la lecture des livres et à la recherche de la vérité, sont ceux-là mêmes qui nous ont jetés dans un plus grand nombre d'erreurs.

Il en est de même de ceux qui étudient que de ceux qui voyagent[1]. Quand un voyageur a pris par malheur un chemin pour un autre, plus il avance, plus il s'éloigne du lieu où il veut aller. Il s'égare d'autant plus, qu'il est plus diligent et qu'il se hâte davantage d'arriver au lieu qu'il souhaite. Ainsi ces désirs ardents qu'ont les hommes pour la vérité, font qu'ils se jettent dans la lecture des livres où ils croient la trouver; ou bien ils se forment un système

---

[1] La comparaison est ingénieuse.

chimérique des choses qu'ils souhaitent de savoir, duquel ils s'entêtent et qu'ils tâchent même par de vains efforts d'esprit de faire goûter aux autres, afin de recevoir l'honneur qu'on rend d'ordinaire aux inventeurs des systèmes. Expliquons ces deux défauts.

Il est assez difficile de comprendre comment il se peut faire que des gens qui ont de l'esprit aimént mieux se servir de l'esprit des autres, dans la recherche de la vérité, que de celui que Dieu leur a donné. Il y a sans doute infiniment plus de plaisir et plus d'honneur à se conduire par ses propres yeux que par ceux des autres; et un homme qui a de bons yeux ne s'avise jamais de se les fermer ou de se les arracher, dans l'espérance d'avoir un conducteur. *Sapientis oculi in capite ejus, stultus in tenebris ambulat*[1]. Pourquoi le fou marche-t-il dans les ténèbres? C'est qu'il ne voit que par les yeux d'autrui, et que ne voir que de cette manière, à proprement parler, c'est ne rien voir. L'usage de l'esprit est à l'usage des yeux ce que l'esprit est aux yeux; et de même que l'esprit est infiniment au-dessus des yeux, l'usage de l'esprit est accompagné de satisfactions bien plus solides et qui le contentent bien autrement que la lumière et les couleurs ne contentent la vue. Les hommes toutefois se servent toujours de leurs yeux pour se conduire, et ils ne se servent presque jamais de leur esprit pour découvrir la vérité.

II. Mais il y a plusieurs causes qui contribuent à ce renversement d'esprit. Premièrement, la paresse naturelle des hommes, qui ne veulent pas se donner la peine de méditer.

Secondement, l'incapacité de méditer, dans laquelle on est tombé, pour ne s'être pas appliqué dès la jeunesse, lorsque les fibres du cerveau étaient capables de toutes sortes d'inflexions.

En troisième lieu, le peu d'amour qu'on a pour les vérités abstraites, qui sont le fondement de tout ce que l'on peut connaître ici-bas.

---

[1] Eccl. II, 14. « Les yeux du sage le conduisent; l'insensé marche dans les ténèbres. »

En quatrième lieu, la satisfaction qu'on reçoit dans la connaissance des vraisemblances, qui sont fort agréables et fort touchantes [1], parce qu'elles sont appuyées sur les notions sensibles.

En cinquième lieu, la sotte vanité qui nous fait souhaiter d'être estimés savants; car on appelle savants ceux qui ont le plus de lecture. La connaissance des opinions est bien plus d'usage pour la conversation et pour étourdir les esprits du commun, que la connaissance de la véritable philosophie qu'on apprend en méditant.

En sixième lieu, parce qu'on s'imagine, sans raison, que les anciens ont été plus éclairés que nous ne pouvons l'être, et qu'il n'y a rien à faire où ils n'ont pas réussi.

En septième lieu, parce qu'un respect mêlé d'une sotte curiosité fait qu'on admire davantage les choses les plus éloignées de nous, les choses les plus vieilles, celles qui viennent de plus loin ou de pays plus inconnus, et même les livres les plus obscurs. Ainsi on estimait autrefois Héraclite pour son obscurité [2]. On recherche les médailles anciennes, quoique rongées de la rouille, et on garde avec grand soin la lanterne et la pantoufle de quelque ancien, quoique mangées de vers; leur antiquité fait leur prix. Des gens s'appliquent à la lecture des rabbins [3], parce qu'ils ont écrit dans une langue étrangère très corrompue et très obscure. On estime davantage les opinions les plus vieilles, parce qu'elles sont les plus éloignées de nous. Et sans doute, si Nembrot [4] avait écrit l'histoire de son règne, toute la politique la plus fine et même toutes les autres

---

[1] *Touchantes* signifie ici *qui frappent*, non *qui émeuvent*.

[2] *Clarus ob obscuram linguam.* (LUCRÈCE.) Héraclite, né à Abdère, en Thrace, vers 470 avant J.-C. Il expliquait le monde par la théorie des atomes se mouvant dans le vide. Ses ouvrages ont péri.

[3] Juifs versés dans la connaissance du Talmud. Le Talmud est un recueil de traditions qui complète la Bible aux yeux des Israélites, et qui souvent la défigure par ses puérilités. On distingue le Talmud de Jérusalem et le Talmud de Babylone, qui se divise en deux parties, la *Mischna*, ou seconde loi, et la *Gemara*, sorte de glose ou de commentaire.

[4] *Nembrot*, pour *Nemrod*, fils de Chus, petit-fils de Cham, fondateur de Babylone.

sciences y seraient contenues, de même que quelques-uns trouvent qu'Homère et Virgile avaient une connaissance parfaite de la nature. Il faut respecter l'antiquité, dit-on : quoi ! Aristote, Platon, Épicure, ces grands hommes se seraient trompés[1] ! On ne considère pas qu'Aristote, Platon, Épicure étaient hommes comme nous et de même espèce que nous ; et de plus, qu'au temps où nous sommes, le monde est plus âgé de deux mille ans, qu'il a plus d'expérience[2], qu'il doit être plus éclairé, et que c'est la vieillesse du monde et l'expérience qui font découvrir la vérité[3].

En huitième lieu, parce que lorsqu'on estime une opinion nouvelle et un auteur du temps, il semble que leur gloire efface la nôtre, à cause qu'elle en est trop proche ; mais on ne craint rien de pareil de l'honneur qu'on rend aux anciens.

En neuvième lieu, parce que la vérité et la nouveauté ne peuvent pas se trouver ensemble dans les choses de la foi. Car les hommes, ne voulant pas faire de discernement entre les vérités qui dépendent de la raison et celles qui dépendent de la tradition, ne considèrent pas qu'on doit les apprendre d'une manière toute différente. Ils confondent la nouveauté avec l'erreur, et l'antiquité avec la vérité. Luther[4], Calvin[5] et les autres ont innové, et ils ont

---

[1] Aristote, né à Stagyre, en Macédoine, l'an 384 avant J.-C., mort en 322. Platon, né dans l'île d'Egine vers 430 ou 427 avant J.-C., mort en 347. Épicure, né en 341 avant J.-C., mort en 270. Son système du monde a été exposé par Lucrèce.

[2] *Veritas filia temporis, non auctoritatis.* (*N. de M.*)

[3] « ... Toute la suite des hommes, pendant le cours de tant de siècles, doit être considérée comme un même homme qui subsiste toujours et qui apprend continuellement : d'où l'on voit avec combien d'injustice nous respectons l'antiquité dans ses phi-losophes ; car, comme la vieillesse est l'âge le plus distant de l'enfance, qui ne voit que la vieillesse dans cet homme universel ne doit pas être cherchée dans les temps proches de sa naissance, mais dans ceux qui en sont les plus éloignés ? » (PASCAL, *Pensées, De l'autorité en matière de philosophie.*) Bacon avait exprimé la même pensée. (*Nov. Org., liv. I, LXXXIV.*)

[4] Luther, né à Eisleben, en Saxe, en 1483, mort dans la même ville en 1546.

[5] Calvin, né à Noyon en 1509, mort à Genève en 1564.

erré ; donc Galilée[1], Harvey[2], Descartes se trompent dans ce qu'ils disent de nouveau. L'impanation[3] de Luther est nouvelle, et elle est fausse ; donc la circulation d'Harvey est fausse puisqu'elle est nouvelle. C'est pour cela aussi qu'ils appellent indifféremment du nom odieux de novateurs les hérétiques et les nouveaux philosophes. Les idées et les mots de *vérité* et d'*antiquité*, de *fausseté* et de *nouveauté* ont été liés les uns avec les autres ; c'en est fait, le commun des hommes ne les sépare plus, et les gens d'esprit sentent même quelque peine à les bien séparer.

En dixième lieu, parce qu'on est dans un temps auquel la science des opinions anciennes est encore en vogue, et qu'il n'y a que ceux qui font usage de leur esprit qui puissent par la force de leur raison se mettre au-dessus des méchantes coutumes. Quand on est dans la presse et dans la foule, il est difficile de ne pas céder au torrent qui nous emporte.

En dernier lieu, parce que les hommes n'agissent que par intérêt ; et c'est ce qui fait que ceux mêmes qui se détrompent et qui reconnaissent la vanité de ces sortes d'études ne laissent pas de s'y appliquer, parce que les honneurs, les dignités, et même les bénéfices y sont attachés, et que ceux qui y excellent les ont toujours plutôt que ceux qui les ignorent.

Toutes ces raisons font, ce me semble, assez comprendre pourquoi les hommes suivent aveuglément les opinions anciennes comme vraies, et pourquoi ils rejettent sans discernement toutes les nouvelles comme fausses ; enfin pourquoi ils ne font point ou presque point d'usage de leur esprit. Il y a sans doute un fort grand nombre d'autres raisons plus particulières qui contribuent à cela ; mais si l'on considère avec attention celles que nous avons

---

[1] Galilée, né à Pise en 1564, mort à Florence en 1642. On sait quelle place il occupe dans l'histoire de l'astronomie.

[2] William Harvey, né en 1578 à Folkstone, mort en 1658. C'est lui qui découvrit les lois de la circulation du sang.

[3] *Impanation*, coexistence du pain avec le corps de Jésus-Christ dans l'Eucharistie, d'après l'hérésie luthérienne.

rapportées, on n'aura pas sujet d'être surpris de voir l'entêtement de certaines gens pour l'autorité des anciens.

CHAPITRE IV

Deux mauvais effets de la lecture sur l'imagination.

Ce faux et lâche respect que les hommes portent aux anciens[1] produit un très grand nombre d'effets très pernicieux qu'il est à propos de remarquer.

Le premier est que, les accoutumant à ne pas faire usage de leur esprit, il les met peu à peu dans une véritable impuissance d'en faire usage. Car il ne faut pas s'imaginer que ceux qui vieillissent sur les livres d'Aristote et de Platon fassent beaucoup d'usage de leur esprit. Ils n'emploient ordinairement tant de temps à la lecture de ces livres, que pour tâcher d'entrer dans les sentiments de leurs auteurs; et leur but principal est de savoir au vrai les opinions qu'ils ont tenues, sans se mettre beaucoup en peine de ce qu'il en faut tenir, comme on le prouvera dans le chapitre suivant. Ainsi la science et la philosophie qu'ils apprennent est proprement une science de mémoire et non pas une science d'esprit. Ils ne savent que des histoires et des faits, et non pas des vérités évidentes; et ce sont plutôt des historiens que de véritables philosophes, des hommes qui ne pensent point, mais qui peuvent raconter les pensées des autres.

Le second effet que produit dans l'imagination la lecture des anciens, c'est qu'elle met une étrange confusion dans toutes les idées de la plupart de ceux qui s'y appliquent. Il y a deux différentes manières de lire les auteurs : l'une

---

[1] Voyez le premier article du chapitre précédent. (*Note de M.*)

très bonne et utile, et l'autre fort inutile et même dangereuse. Il est très utile de lire quand on médite ce qu'on
lit, quand on tâche de trouver par quelque effort d'esprit
la résolution des questions que l'on voit dans les titres des
chapitres avant même que de commencer à les lire, quand
on arrange et quand on confère[1] les idées des choses les
unes avec les autres, en un mot quand on use de sa raison. Au contraire, il est inutile de lire quand on n'entend
pas ce qu'on lit ; mais il est dangereux de lire et de concevoir ce qu'on lit, quand on ne l'examine pas assez pour
en bien juger, principalement si l'on a assez de mémoire
pour retenir ce qu'on a conçu, et assez d'imprudence pour
y consentir. La première manière éclaire l'esprit : elle le
fortifie et elle en augmente l'étendue. La seconde en dimi-
nue l'étendue, et elle le rend peu à peu faible, obscur et
confus.

Or la plupart de ceux qui font gloire[2] de savoir les opinions des autres, n'étudient que de la seconde manière.
Ainsi, plus ils ont de lecture, plus leur esprit devient faible
et confus. La raison en est que les traces de leur cerveau
se confondent les unes les autres, parce qu'elles sont en
très grand nombre, et que la raison ne les a pas rangées
par ordre ; ce qui empêche l'esprit d'imaginer et de se
représenter nettement les choses dont il a besoin. Quand
l'esprit veut ouvrir certaines traces, d'autres plus familières se rencontrant à la traverse, il prend le change. Car
la capacité du cerveau n'étant pas infinie, il est presque
impossible que ce grand nombre de traces formées sans
ordre ne se brouillent et n'apportent de la confusion dans
les idées. C'est pour cette même raison que les personnes
de grande mémoire ne sont pas ordinairement capables
de bien juger des choses où il faut apporter beaucoup d'attention[3].

---

[1] Se dit des textes, et, par analogie, des personnes.

[2] Peut-on de nos malheurs leur dérober l'histoire ?

Tout l'univers les sait : vous-même *en
faites gloire.*

(RACINE, *Athalie*, acte III, sc. VII.)

[3] Malebranche en veut à la mé-

Mais ce qu'il faut principalement remarquer, c'est que les connaissances qu'acquièrent ceux qui lisent sans méditer et seulement pour retenir les opinions des autres, en un mot, toutes les sciences qui dépendent de la mémoire, sont proprement de ces sciences qui *enflent*[1], à cause qu'elles ont de l'éclat et qu'elles donnent beaucoup de vanité à ceux qui les possèdent. Ainsi ceux qui sont savants en cette manière, étant d'ordinaire remplis d'orgueil et de présomption, prétendent avoir droit de juger de tout, quoiqu'ils en soient très peu capables; ce qui les fait tomber dans un très grand nombre d'erreurs.

Mais cette fausse science fait encore un plus grand mal. Car ces personnes ne tombent pas seules dans l'erreur, elles y entraînent avec elles presque tous les esprits du commun, et un fort grand nombre de jeunes gens, qui croient comme des articles de foi toutes leurs décisions. Ces faux savants les ayant souvent accablés par le poids de leur profonde érudition, et étourdis tant par des opinions extraordinaires que par des noms d'auteurs anciens et inconnus, se sont acquis une autorité si puissante sur leurs esprits, qu'ils respectent et qu'ils admirent comme des oracles tout ce qui sort de leur bouche, et qu'ils entrent aveuglément dans tous leurs sentiments. Des personnes même beaucoup plus spirituelles et plus judicieuses, qui ne les auraient jamais connus, et qui ne sauraient point d'autre part ce qu'ils sont, les voyant parler d'une manière si décisive et d'un air si fier, si impérieux et si grave, auraient quelque peine à manquer de respect et d'estime pour ce qu'ils disent, pa :e qu'il est très difficile de ne rien donner à l'air et aux manières. Car de même qu'il arrive souvent qu'un homme fier et hardi en maltraite d'autres plus forts, mais plus judicieux et plus retenus que lui : ainsi ceux qui soutiennent des opinions qui ne sont ni

---

moire. Il faut dire d'elle, comme de l'imagination, qu'elle est un auxiliaire utile, à la condition d'être menée et de ne mener pas. Sans mémoire, et en le supposant même muni

de livres, Malebranche aurait-il écrit les jolis chapitres que nous étudions?

[1] *Scientia inflat.* (I *Cor.* viii, 1.) (*N. de M.*)

vraies ni même vraisemblables, font souvent perdre la parole à leurs adversaires, en leur parlant d'une manière impérieuse, fière ou grave qui les surprend.

Or ceux de qui nous parlons ont assez d'estime d'eux-mêmes et de mépris des autres pour s'être fortifiés dans un certain air de fierté, mêlé de gravité et d'une feinte modestie, qui préoccupe[1] et qui gagne ceux qui les écoutent.

Car il faut remarquer que tous les différents airs des personnes de différentes conditions, ne sont que des suites naturelles de l'estime que chacun a de soi-même par rapport aux autres, comme il est facile de le reconnaître si l'on y fait un peu de réflexion. Ainsi l'air de fierté et de brutalité[2] est l'air d'un homme qui s'estime beaucoup et qui néglige assez l'estime des autres. L'air modeste est l'air d'un homme qui s'estime peu et qui estime assez les autres. L'air grave est l'air d'un homme qui s'estime beaucoup et qui désire fort d'être estimé; et l'air simple, celui d'un homme qui ne s'occupe guère de soi ni des autres[3]. Ainsi tous les différents airs, qui sont presque infinis, ne sont que des effets que les différents degrés d'estime que l'on a de soi et de ceux avec qui l'on converse produisent naturellement sur notre visage et sur toutes les parties extérieures de notre corps. Nous avons déjà parlé, dans le chapitre iv, de cette correspondance qui est entre les nerfs qui excitent les passions au dedans de nous, et ceux qui les témoignent au dehors par l'air qu'ils impriment sur le visage.

---

[1] S'emparer d'avance de l'esprit. « L'Église, autorisée par les miracles qui ont *préoccupé* la créance... » (PASCAL, *Pensées*.)

[2] Ici *brutalité* signifie *violence.*

C'est gloire de passer pour un cœur abattu

Quand la *brutalité* fait la haute vertu.

(CORNEILLE, *Horace,* acte IV, sc. IV.)

[3] Que tous ces différents airs sont finement observés et finement dépeints!

CHAPITRE V

Que les personnes d'étude s'entêtent ordinairement de quelque
auteur, de sorte que leur but principal est de savoir ce qu'il
a cru, sans se soucier de ce qu'il faut croire.

Il y a encore un défaut de très grande conséquence
dans lequel les gens d'étude tombent ordinairement : c'est
qu'ils s'entêtent de quelque auteur. S'il y a quelque chose
de vrai et de bon dans un livre, ils se jettent aussitôt dans
l'excès : tout en est vrai, tout en est bon, tout en est admirable. Ils se plaisent même à admirer ce qu'ils n'entendent pas, et ils veulent que tout le monde l'admire avec
eux. Ils tirent leur gloire des louanges qu'ils donnent à
ces auteurs obscurs, parce qu'ils persuadent par là aux
autres qu'ils les entendent parfaitement, et cela leur est
un sujet de vanité. Ils s'estiment au-dessus des autres
hommes, à cause qu'ils croient entendre une impertinence [1] d'un ancien auteur ou d'un homme qui ne s'entendait peut-être pas lui-même. Combien de savants ont
sué pour éclaircir des passages obscurs des philosophes, et
même de quelques poètes de l'antiquité ! et combien y
a-t-il encore de beaux esprits qui font leurs délices de la
critique d'un mot et du sentiment d'un auteur ! Mais il est
à propos d'apporter quelque preuve de ce que je dis.

La question de l'immortalité de l'âme est sans doute une
question très importante. On ne peut trouver à redire que

---

[1] *Impertinence*, ce qui ne se rapporte pas à la question, ce qui est
déraisonnable ou inconvenant.
Quelquefois ton esprit, s'élevant jusqu'aux cieux,

De cette haute extase où j'occupe ses
yeux,
Retombe tout à coup dans quelque *impertinence*.
CORNEILLE, *Imitation*, liv. III,
ch. VI.)

des philosophes fassent tous leurs efforts pour la résoudre;
et quoiqu'ils composent de gros volumes pour prouver
d'une manière assez faible une vérité qu'on peut démon-
trer en peu de mots ou en peu de pages, cependant ils
sont excusables. Mais ils sont bien plaisants de se mettre
fort en peine pour décider ce qu'Aristote en a cru. Il est,
ce me semble, assez inutile à ceux qui vivent présentement de savoir s'il y a jamais eu un homme qui s'appe-
lât Aristote; si cet homme a écrit les livres qui portent son
nom, s'il entend une telle chose ou une autre dans un tel
endroit de ses ouvrages : cela ne peut faire un homme ni
plus sage ni plus heureux; mais il est très important de
savoir si ce qu'il dit est vrai ou faux en soi [1].

Il est donc très inutile de savoir ce qu'Aristote a cru de
l'immortalité de l'âme, quoiqu'il soit très utile de savoir
que l'âme est immortelle. Cependant on ne craint point
d'assurer qu'il y a plusieurs savants qui se sont mis plus
en peine de savoir le sentiment d'Aristote sur ce sujet, que
la vérité de la chose en soi, puisqu'il y en a qui ont fait
des ouvrages exprès pour expliquer ce que ce philosophe
en a cru, et qu'ils n'en ont pas tant fait pour savoir ce qu'il
en fallait croire.

Mais quoiqu'un très grand nombre de gens se soient
fort fatigué l'esprit pour résoudre [2] quel a été le sentiment
d'Aristote, ils se le sont fatigué inutilement, puisqu'on
n'est point encore d'accord sur cette question ridicule; ce
qui fait voir que les sectateurs d'Aristote sont bien malheureux d'avoir un homme si obscur pour les éclairer, et
qui même affecte l'obscurité, comme il le témoigne dans
une lettre qu'il a écrite à Alexandre [3].

Le sentiment d'Aristote sur l'immortalité de l'âme a
donc été en divers temps une fort grande question et fort

---

[1] Oui, cela est très important;
mais il l'est aussi de ne pas *ignorer
le genre humain*, comme dit Bossuet; et en particulier, de connaître
l'histoire de l'esprit humain.

[2] *Résoudre*, décider un cas douteux.

Vous, qui me tenez lieu d'Agrippe et
  de Mécène,
Pour *résoudre* ce point avec eux dé-
battu...
    (CORNEILLE, *Cinna*, acte II, sc. I.)

[3] Dans les *Nuits attiques* d'Aulu-
Gelle (xx, 5). Cette lettre est-elle
authentique ?

considérable entre les personnes d'étude. Mais afin qu'on ne s'imagine pas que je le dise en l'air sans fondement, je suis obligé de rapporter ici un passage de La Cerda[1], un peu long et un peu ennuyeux, dans lequel cet auteur a ramassé différentes autorités sur ce sujet, comme sur une question bien importante. Voici ses paroles sur le second chapitre *de resurrectione carnis*, de Tertullien :

« Quæstio hæc in scholis utrimque validis suspicionibus agitatur, num animam immortalem mortalemve fecerit Aristoteles. Et quidem philosophi haud ignobiles asseveraverunt Aristotelem posuisse nostros animos ab interitu alienos. Hi sunt è græcis et latinis interpretibus Ammonius uterque, Olympiodorus, Philoponus, Simplicius, Avicenna, uti memorat Mirandula l. 4. *De examine vanitatis* cap. 9. Theodorus, Metochytes, Themistius, S. Thomas, 2. *Contra gentes*, cap. 79. et *Phys.* lect. 12. et prœterea 12. *Metaph.* lect. 3 et quodlib. 10 quæst. 5. art. 1. Albertus, tract. 2. *de anima*, cap. 20. et tract. 3. cap. 13. Ægidius lib. 3. *de anima* ad cap. 4. Durandus in 2. dist. 18. quæst. 3. Ferrarius loco citato *contra gentes*, et latè Eugubinus l. 9. *de perenni Philosophia* cap. 18. et quod pluris est, discipulus Aristotelis Theophrastus, magistri mentem et ore et calamo novisse penitus qui poterat.

« In contrariam factionem abiere nonnulli Patres, nec infimi Philosophi : Justinus in sua *Parœnesi*, Origenes in φιλοσοφουμένω et ut fertur Nazianz. *in disp. contra Eunom.* Et Nyssenus, p. 2. *de anima* cap. 4. Theodoretus *de curandis Græcorum affectibus* l. 3; Galenus *in historia philosophica*, Pomponatius l. *de immortalitate animæ*, Simon Portius l. *de mente humana*, Cajetanus 3. *de anima* cap. 2. In eum sensum, ut caducum animum nostrum putaret Aristoteles, sunt partim adducti ab Alexandro Aphrodis auditore, qui sic solitus erat interpretari Aristotelicam mentem ; quamvis Eugubinus cap. 21. et 22. eum excuset. Et quidem unde collegisse videtur Alexander mortalitatem,

---

[1] Jean-Louis de La Cerda, jésuite, né à Tolède en 1560, mort en 1643; savant humaniste, commentateur de Virgile et de Tertullien. Le traité *De resurrectione carnis* fut composé par Tertullien vers l'an 208.

nempe ex 12. *Metaph.* inde S. Thomas, Theodorus, Metochytes immortalitatem collegerunt.

« Porro Tertullianum neutram hanc opinionem am-
plexum credo; sed putasse in hac parte ambiguum Aristotelem. Itaque ita citat illum pro utraque. Nam cum hic
adscribat Aristoteli mortalitatem animæ, tamen l. *de
anima* c. 6. pro contraria opinione immortalitatis citat.
Eadem mente fuit Plutarchus, pro utraque opinione advo-
cans eumdem philosophum in l. 5. *de placitis philosoph.*
Nam cap. 1, mortalitatem tribuit, et cap. 25, immortalitatem. Ex Scholasticis etiam, qui in neutram partem
Aristotelem constantem judicant, sed dubium et ancipitem,
sunt Scotus in 4. dist. 43. qu. 2. art. 2. Harveus quodlib.
qu. 11 et 1. senten. dist. 1. qu. 1. Niphus in Opusculo *de
immortalitate animæ* cap. 1. et recentes alii interpretes :
quam mediam existimationem credo veriorem, sed scholii
lex vetat, ut auctoritatum pondere librato illud suadeam. »

On donne toutes ces citations pour vraies sur la foi de ce
commentateur, parce qu'on croirait perdre son temps à
les vérifier, et qu'on n'a pas tous ces beaux livres d'où
elles sont tirées. On n'en ajoute point aussi[1] de nouvelles,
parce qu'on ne lui envie point la gloire de les avoir bien
recueillies, et que l'on perdrait encore bien plus de temps,
si on le voulait faire, quand on ne feuilletterait pour cela
que les tables de ceux qui ont commenté Aristote.

On voit donc, dans ce passage de La Cerda, que des personnes d'étude qui passent pour habiles se sont bien donné
de la peine pour savoir ce qu'Aristote croyait de l'immortalité de l'âme, et qu'il y en a qui ont été capables de faire
des livres exprès sur ce sujet, comme Pomponace[2] : car le
principal but de cet auteur dans son livre est de montrer

---

[1] Au XVII° siècle, on employait
aussi dans le sens de *non plus.*
« Ce n'est pas *aussi* aux sages con-
seils qu'il faut attribuer les heureux
succès... » (BOSSUET, *Oraison fu-
nèbre de Marie-Thérèse.*)

[2] Pierre Pomponazzi, en latin

Pomponatius, né à Mantoue en 1462,
mort en 1526. Médecin, philosophe
d'une doctrine suspecte, encore que
sa fin ait été chrétienne, il semble
vouloir abriter sous l'autorité d'Aristote l'erreur matérialiste dont il
était soupçonné.

qu'Aristote a cru que l'âme était mortelle. Et peut-être y a-t-il des gens qui ne se mettent pas seulement en peine de savoir ce qu'Aristote a cru sur ce sujet, mais regardent même comme une question qu'il est très important de savoir, si, par exemple, Tertullien, Plutarque, ou d'autres ont cru, ou non, que le sentiment d'Aristote fût que l'âme était mortelle; comme on a grand sujet de le croire de La Cerda même, si on fait réflexion sur la dernière partie du passage qu'on vient de citer : *Porro Tertullianum*, et le reste.

S'il n'est pas fort utile de savoir ce qu'Aristote a cru de l'immortalité de l'âme, ni ce que Tertullien et Plutarque ont pensé qu'Aristote en croyait, le fond de la question, l'immortalité de l'âme, est au moins une vérité qu'il est nécessaire de savoir. Mais il y a une infinité de choses qu'il est fort inutile de connaître, et desquelles par conséquent il est encore plus inutile de savoir ce que les anciens en ont pensé; et cependant on se met fort en peine pour deviner les sentiments des philosophes sur de semblables sujets. On trouve des livres pleins de ces examens ridicules, et ce sont ces bagatelles qui ont excité tant de guerres d'érudition. Ces questions vaines et impertinentes, ces généalogies ridicules d'opinions inutiles, sont des sujets importants de critique aux savants. Ils croient avoir droit de mépriser ceux qui méprisent ces sottises, et de traiter d'ignorants ceux qui font gloire de les ignorer. Ils s'imaginent posséder parfaitement l'histoire généalogique des formes substantielles[1], et le siècle est ingrat s'il ne reconnaît leur

---

[1] La *forme substantielle* constitue l'être même d'une chose (*Forma substantialis dat esse simpliciter;* S. Thomas, *Sum. th.*, p. I, q. LXXVI, art. 4) à la différence de la *forme accidentelle,* qui modifie l'être d'une chose (*Forma accidentalis non dat simpliciter esse, sed esse tale, sicut calor facit suum subjectum non simpliciter esse, sed esse calidum.* » *Id. ibid.*). Le XVIIe siècle a eu trop souvent pour la distinction aristotélicienne de la *matière* et de la *forme* un dédain immérité. Rien de plus philosophique, rien de plus aisé à justifier que cette distinction. « Le principe des choses est double, matière et forme; la forme est le principe actif, déterminant, positif; la matière est le principe passif, déterminable, potentiel; voilà pourquoi l'esprit est *forme,* voilà pourquoi un corps réel est une matière informée. » (Mgr d'Hulst, *le Nouveau spiritualisme. Annales de philosophie chrétienne,* avril 1885.)

mérite. Que ces choses font bien voir la faiblesse et la
vanité de l'esprit de l'homme; et que lorsque ce n'est point
la raison qui règle les études, non seulement ces études
ne perfectionnent point la raison, mais même qu'elles l'ob-
scurcissent, la corrompent et la pervertissent entièrement!

Il est à propos de remarquer ici, que dans les questions
de la foi, ce n'est pas un défaut de chercher ce qu'en a cru,
par exemple, saint Augustin ou un autre Père de l'Église,
ni même de rechercher si saint Augustin a cru ce que
croyaient ceux qui l'ont précédé, parce que les choses de
la foi ne s'apprennent que par la tradition, et que la raison
ne peut pas les découvrir. La croyance la plus ancienne
étant la plus vraie, il faut tâcher de savoir quelle était
celle des anciens, et cela ne se peut qu'en examinant le
sentiment de plusieurs personnes qui se sont suivies en
différents temps. Mais les choses qui dépendent de la raison leur sont toutes opposées, et il ne faut pas se mettre en
peine de ce qu'en ont cru les anciens, pour savoir ce qu'il
en faut croire. Cependant je ne sais par quel renversement d'esprit certaines gens s'effarouchent si l'on parle
en philosophie autrement qu'Aristote, et ne se mettent
point en peine si l'on parle en théologie autrement que
l'Évangile, les Pères et les conciles. Il me semble que ce
sont d'ordinaire ceux qui crient le plus contre les nouveautés de philosophie qu'on doit estimer, qui favorisent et
qui défendent même avec plus d'opiniâtreté certaines nouveautés de théologie qu'on doit détester. Car ce n'est point
leur langage que l'on n'approuve pas; tout inconnu qu'il
ait été à l'antiquité, l'usage l'autorise, ce sont les erreurs
qu'ils répandent ou qu'ils soutiennent à la faveur de ce
langage équivoque et confus[1].

[1] Sans doute c'est un devoir de
« parler en théologie » comme
« l'Évangile, les Pères et les conciles », et de fuir les nouveautés qui
contredisent la tradition, et qui par
là même altéreraient le dogme. Mais
il faut prendre garde qu'au XVIIᵉ siècle une certaine théologie craintive
voulait enfermer la doctrine catholique dans des limites étroites et lui
contester le droit de se développer.
Au nom même de l'immutabilité,
on lui interdisait le progrès. C'était
oublier que l'intelligence catholique
peut mettre successivement dans
une lumière plus pleine les données

En matière de théologie on doit aimer l'antiquité, parce qu'on doit aimer la vérité, et que la vérité se trouve dans l'antiquité. Il faut que toute curiosité cesse, lorsqu'on tient une fois la vérité. Mais en matière de philosophie on doit au contraire aimer la nouveauté, par la même raison qu'il faut toujours aimer la vérité, qu'il faut la rechercher, et qu'il faut avoir sans cesse de la curiosité pour elle. Si l'on croyait qu'Aristote et Platon fussent infaillibles, il ne faudrait peut-être s'appliquer qu'à les entendre ; mais la raison ne permet pas qu'on le croie. La raison veut au contraire que nous les jugions plus ignorants que les nouveaux philosophes, puisque dans le temps où nous vivons le monde est plus vieux de deux mille ans, et qu'il a plus d'expérience que dans le temps d'Aristote et de Platon, comme l'on a déjà dit ; et que les nouveaux philosophes peuvent savoir toutes les vérités que les anciens nous ont laissées, et en trouver encore plusieurs autres. Toutefois la raison ne veut pas qu'on croie encore ces nouveaux philosophes sur leur parole plutôt que les anciens. Elle veut, au contraire, qu'on examine avec attention leurs pensées, et qu'on ne s'y rende que lorsqu'on ne pourra plus s'empêcher d'en douter, sans se préoccuper ridiculement de leur grande science ni des autres qualités de leur esprit.

CHAPITRE VI

De la préoccupation des commentateurs.

Cet excès de préoccupation[1] paraît bien plus étrange dans ceux qui commentent quelque auteur, parce que

de la Révélation, et que, pour parler comme saint Vincent de Lérins, l'autorité infaillible « travaille les points inachevés, consolide et confirme ce qui est exprimé déjà, garde avec amour ce qui est déjà défini et confirmé. » (*Common.* xxiii.)

[1] *Préoccupation* signifie ici l'état d'une personne dont l'esprit est tout entier occupé d'une opinion pré-

ceux qui entreprennent ce travail, qui semble de soi peu
digne d'un homme d'esprit, s'imaginent que leurs auteurs
méritent l'admiration de tous les hommes. Ils se regardent
aussi comme ne faisant avec eux qu'une même personne;
et dans cette vue l'amour-propre joue admirablement bien
son jeu. Ils donnent adroitement des louanges avec profu-
sion à leurs auteurs, ils les environnent de clartés et de
lumière, ils les comblent de gloire, sachant bien que
cette gloire rejaillira sur eux-mêmes. Cette idée de grandeur n'élève pas seulement Aristote ou Platon dans l'esprit
de beaucoup de gens, elle imprime aussi du respect pour
tous ceux qui les ont commentés, et tel n'aurait pas fait
l'apothéose de son auteur, s'il ne s'était imaginé comme
enveloppé dans la même gloire.

Je ne prétends pas toutefois que tous les commenteurs
donnent des louanges à leurs auteurs dans l'espérance du
retour; plusieurs en auraient quelque horreur s'ils y faisaient réflexion; ils les louent de bonne foi, et sans y entendre finesse, ils n'y pensent pas; mais l'amour-propre y
pense pour eux, et sans qu'ils s'en aperçoivent. Les hommes
ne sentent pas la chaleur qui est dans leur cœur, quoiqu'elle donne la vie et le mouvement à toutes les autres
parties de leur corps; il faut qu'ils se touchent et qu'ils se
manient pour s'en convaincre, parce que cette chaleur est
naturelle. Il en est de même de la vanité; elle est si naturelle à l'homme, qu'il ne la sent pas; et quoique ce soit
elle qui donne, pour ainsi dire, la vie et le mouvement à
la plupart de ses pensées et de ses desseins, elle le fait
souvent d'une manière qui lui est imperceptible. Il faut
se tâter, se manier, se sonder, pour savoir qu'on est vain.
On ne connaît point assez que c'est la vanité qui donne
le branle à la plupart des actions; et quoique l'amour-
propre le sache, il ne le sait que pour le déguiser au reste
de l'homme.

---

conçue. « ... Un païen même et un
infidèle, examinant sans *préoccupa-*
tion toutes les circonstances de ce
miracle, est forcé d'en reconnaître
la vérité. » (BOURDALOUE, *Mystères,*
Résurr. de N.-S.)

Un commentateur ayant donc quelque rapport et quelque liaison avec l'auteur qu'il commente, son amour-propre ne manque pas de lui découvrir de grands sujets de louange en cet auteur, afin d'en profiter lui-même. Et cela se fait d'une manière si adroite, si fine et si délicate, qu'on ne s'en aperçoit point. Mais ce n'est pas ici le lieu de découvrir les souplesses de l'amour-propre.

Les commentateurs ne louent pas seulement leurs auteurs parce qu'ils sont prévenus d'estime pour eux, et qu'ils se font honneur à eux-mêmes en les louant : mais encore parce que c'est la coutume, et qu'il semble qu'il en faille ainsi user. Il se trouve des personnes qui, n'ayant pas beaucoup d'estime pour certaines sciences, ni pour certains auteurs, ne laissent pas de commenter ces auteurs et de s'appliquer à ces sciences, parce que leur emploi, le hasard ou même leur caprice les a engagés à ce travail; et ceux-ci se croient obligés de louer d'une manière hyperbolique les sciences et les auteurs sur lesquels ils travaillent, quand même ce seraient des auteurs impertinents[1] et des sciences très basses et très inutiles.

En effet, il serait assez ridicule qu'un homme entreprît de commenter un auteur qu'il croirait être impertinent, et qu'il s'appliquât sérieusement à écrire d'une manière qu'il penserait être inutile. Il faut donc, pour conserver sa réputation, louer son auteur et le sujet de son livre, quand l'un et l'autre seraient méprisables, et que la faute qu'on a faite d'entreprendre un méchant ouvrage soit réparée par une autre faute[2]. C'est ce qui fait que des personnes doctes, qui commentent différents auteurs, disent souvent des choses qui se contredisent.

C'est aussi pour cela que presque toutes les préfaces ne

[1] *Impertinent,* qui agit ou qui écrit contre le bon sens. « ... On aurait vu qu'il n'y avait à produire que quelque *impertinent* glossateur... » (BOSSUET, *Hist. des Var.,* l. XIII, n. VII.)

[2] Dans la langue du XVIIe siècle, *que* continue assez souvent une pen-sée commencée par un infinitif.

J'ai cru sa mort pour vous un malheur nécessaire;
Et que sa haine injuste, augmentant tous les jours,
Jusque dans les enfers chercherait du secours...

(CORNEILLE, la Mort de Pompée, acte III, sc. II.)

sont point conformes à la vérité ni au bon sens. Si l'on commente Aristote, c'est le *génie de la nature*. Si l'on écrit sur Platon, c'est le *divin Platon*. On ne commente guère les ouvrages des hommes tout court; ce sont toujours des ouvrages d'hommes tout divins, d'hommes qui ont été l'admiration de leur siècle, et qui ont reçu de Dieu des lumières toutes particulières. Il en est de même de la matière que l'on traite; c'est toujours la plus belle, la plus relevée, celle qu'il est nécessaire de savoir.

Mais afin qu'on ne me croie pas sur ma parole, voici la manière dont un commentateur fameux entre les savants parle de l'auteur qu'il commente. C'est Averroès[1] qui parle d'Aristote. Il dit dans sa préface sur la Physique de ce philosophe, qu'il a été l'inventeur de la logique, de la morale et de la métaphysique, et qu'il les a mises dans leur perfection. « Complevit, dit-il, quia nullus eorum qui secuti sunt eum usque ad hoc tempus, quod est mille et quingentorum annorum, quidquam addidit, nec invenies in ejus verbis errorem alicujus quantitatis, et talem esse virtutem in individuo uno miraculosum et extraneum existit, et hæc dispositio cum in uno homine reperitur, dignus est esse divinus magis quam humanus. » En d'autres endroits il lui donne des louanges bien plus pompeuses et bien plus magnifiques, comme i. *De generatione animalium:* « Laudemus Deum qui separavit hunc virum ab aliis in perfectione, appropriavitque ei ultimam dignitatem humanam, quam non omnis homo potest in quacumque ætate attingere. » Le même dit aussi *l. i. Destruc. disp.* 3 : « Aristotelis doctrina est Summa Veritas, quoniam ejus intellectus fuit finis humani intellectus : quare bene dicitur de illo, quod ipse fuit creatus et datus nobis divina providentia, ut non ignoremus possibilia sciri. »

En vérité, ne faut-il pas être fou pour parler ainsi, et

---

[1] Averroès (Ibn Roschd), philosophe et médecin arabe, commentateur d'Aristote, né à Cordoue au commencement du xiie siècle, mort à Maroc en 1198. Sa doctrine, qui ne reconnaissait qu'un seul intellect pour tout le genre humain, fut combattue par saint Thomas et condamnée au concile de Vienne (1311-1312).

ne faut-il pas que l'entêtement de cet auteur soit dégé-
néré en extravagance et en folie? La doctrine d'Aristote
est la souveraine vérité. Personne ne peut avoir de science
qui égale ni même qui approche de la sienne. C'est lui
qui nous est donné de Dieu pour apprendre tout ce qui
peut être connu. C'est lui qui rend tous les hommes sages,
et ils sont d'autant plus savants qu'ils entrent mieux dans
sa pensée, comme il le dit en un autre endroit : « Aristoteles fuit princeps, per quem perficiuntur omnes sapientes
qui fuerunt post eum : licet differant inter se in intelli-
gendo verba ejus, et in eo quod sequitur ex eis. » Cependant les ouvrages de ce commentateur se sont répandus
dans toute l'Europe, et même en d'autres pays plus éloignés. Ils ont été traduits d'arabe en hébreu, d'hébreu en
latin, et peut-être encore en bien d'autres langues, ce qui
montre assez l'estime que les savants en ont fait ; de sorte
qu'on n'a pu donner d'exemple plus sensible que celui-ci,
de la préoccupation des personnes d'étude. Car il fait assez
voir que non seulement ils s'entêtent souvent de quelque
auteur, mais aussi que leur entêtement se communique à
d'autres à proportion de l'estime qu'ils ont dans le monde ;
et qu'ainsi les fausses louanges, que les commentateurs
lui donnent, sont souvent cause que des personnes peu
éclairées, qui s'adonnent à la lecture, se préoccupent
et tombent dans une infinité d'erreurs. Voici un autre
exemple.

Un illustre [1] entre les savants, qui a fondé des chaires de
géométrie et d'astronomie dans l'université d'Oxford, commence un livre qu'il s'est avisé de faire sur les huit premières propositions d'Euclide [2] par ces paroles [3]; « Consi-
lium meum, auditores, si vires et valetudo suffecerint,
explicare definitiones, petitiones, communes sententias et
octo priores propositiones primi libri *Elementorum*, cætera
post me venientibus relinquere; » et il le finit par celles-

---

[1] Henri Savile, né en 1549 à
Bradley (Yorkshire), mort en 1622
au collège d'Eton.

[2] Euclide, célèbre géomètre grec,
qui ouvrit à Alexandrie une école de
mathématiques, vers 320 avant J.-C.

[3] *Prælectiones* 13, *in principium
Elementorum Euclidis.* (N. de M.)

ci : « Exsolvi per Dei gratiam, Domini auditores, promissum, liberavi fidem meam, explicavi pro modulo meo definitiones, petitiones, communes sententias, et octo priores propositiones *Elementorum* Euclidis. Hic annis fessus cyclos artemque repono. Succedent in hoc munus alii fortasse magis vegeto corpore, vivido ingenio, etc. » Il ne faut pas une heure à un esprit médiocre pour apprendre par lui-même, ou par le secours du plus petit géomètre qu'il y ait, les définitions, les demandes, les axiomes et les huit premières propositions d'Euclide : à peine ont-ils besoin de quelque explication; et cependant voici un auteur qui parle de cette entreprise comme si elle était déjà fort grande et fort difficile. Il a peur que les forces lui manquent, « si vires et valetudo suffecerint. » Il laisse à ses successeurs à pousser ces choses : « Cætera post me venientibus relinquere. » Il remercie Dieu de ce que, par une grâce particulière, il a exécuté ce qu'il avait promis : « Exsolvi per Dei gratiam promissum ; liberavi fidem meam; explicavi pro modulo meo. » Quoi! la quadrature du cercle [1]? la duplication du cube [2]? Ce grand homme a expliqué, *pro modulo suo,* les définitions, les demandes, les axiomes, et les huit premières propositions du premier livre des *Éléments* d'Euclide. Peut-être qu'entre ceux qui lui succéderont, il s'en trouvera qui auront plus de santé et plus de force que lui pour continuer ce bel ouvrage. « Succedent in hoc munus alii *fortasse* magis vegeto corpore, et vivido ingenio. » Mais pour lui il est temps qu'il se repose : « Hic annis fessus cyclos artemque repono. »

Euclide ne pensait pas être si obscur ou dire des choses si extraordinaires en composant ses *Éléments,* qu'il fût nécessaire de faire un livre de près de trois cents pages [3] pour expliquer ses définitions, ses axiomes, ses demandes, et ses huit premières propositions. Mais ce savant anglais sait bien relever la science d'Euclide; et si l'âge le lui eût

[1] On sait que ce célèbre et insoluble problème se réduit à déterminer le rapport du diamètre à la circonférence.

[2] Trouver le côté d'un cube qui soit double en solidité d'un cube donné.

[3] In-4°. (*Note de Malebranche.*)

permis et qu'il eût continué de la même force, nous aurions présentement douze ou quinze volumes sur les seuls
éléments de Géométrie, qui seraient fort utiles à tous ceux
qui veulent apprendre cette science, et qui feraient bien
de l'honneur à Euclide.

Voilà les desseins bizarres dont la fausse érudition nous
rend capables. Cet homme savait du grec, car nous lui
avons l'obligation de nous avoir donné en grec les ouvrages
de saint Chrysostome[1]. Il avait peut-être lu les anciens géo-
mètres. Il savait historiquement leurs propositions aussi
bien que leur généalogie. Il avait pour l'antiquité tout le
respect que l'on doit avoir pour la vérité. Et que produit
cette disposition d'esprit? Un commentaire des définitions
de nom, des demandes, des axiomes, et des huit premières
propositions d'Euclide', beaucoup plus difficile à entendre
et à retenir, je ne dis pas que ces propositions qu'il
commente, mais que tout ce qu'Euclide a écrit de géométrie.

Il y a bien des gens que la vanité fait parler grec, et
même quelquefois d'une langue qu'ils n'entendent pas; car
les dictionnaires aussi bien que les tables et les lieux communs sont d'un grand secours à bien des auteurs; mais il
y a peu de gens qui s'avisent d'entasser leur grec sur un
sujet où il est si mal à propos de s'en servir; et c'est ce
qui me fait croire que c'est la préoccupation et une estime
déréglée pour Euclide qui a formé le dessein de ce livre
dans l'imagination de son auteur.

Si cet homme eût fait autant d'usage de sa raison que de
sa mémoire dans une matière où la seule raison doit être
employée; ou s'il eût eu autant de respect et d'amour pour
la vérité, que de vénération pour l'auteur qu'il a commenté, il y a grande apparence qu'ayant employé tant de
temps sur un sujet si petit[2], il serait tombé d'accord que
les définitions que donne Euclide de l'angle plan et des
lignes parallèles sont défectueuses, et qu'elles n'en expli-

---

[1] Huit volumes in-f°. Eton, 1612.
[2] Non pas si petit, car c'est l'é- tude des procédés de la science et des efforts de l'esprit humain.

quent point assez la nature; et que la seconde proposition est impertinente, puisqu'elle ne se peut prouver que par la troisième demande, laquelle on ne devrait pas sitôt accorder que cette seconde proposition, puisqu'en accordant la troisième demande, qui est que l'on puisse décrire de chaque point un cercle de l'intervalle qu'on voudra, on n'accorde pas seulement que l'on tire d'un point une ligne égale à une autre, ce qu'Euclide exécute par de grands détours dans cette seconde proposition; mais on accorde que l'on tire de chaque point un nombre infini de lignes de la longueur que l'on veut.

Mais le dessein de la plupart des commentateurs n'est pas d'éclaircir leurs auteurs et de chercher la vérité; c'est de faire montre de leur érudition, et de défendre aveuglément les défauts même de ceux qu'ils commentent. Ils ne parlent pas tant pour se faire entendre ni pour entendre leur auteur, que pour le faire admirer et pour se faire admirer eux-mêmes avec lui. Si celui dont nous parlons n'avait rempli son livre de passages grecs, de plusieurs noms d'auteurs peu connus, et de semblables remarques assez inutiles pour entendre des notions communes, des définitions de nom et des demandes de géométrie, qui aurait lu son livre, qui l'aurait admiré, et qui aurait donné à son auteur la qualité de savant homme et d'homme d'esprit?

Je ne crois pas que l'on puisse douter, après ce que l'on a dit, que la lecture indiscrète[1] des auteurs ne préoccupe souvent l'esprit. Or, aussitôt qu'un esprit est préoccupé, il n'a plus tout à fait ce qu'on appelle le sens commun. Il ne peut plus juger sainement de tout ce qui a quelque rapport au sujet de sa préoccupation; il en infecte tout ce qu'il pense. Il ne peut même guère s'appliquer à des sujets entièrement éloignés de ceux dont il est préoccupé. Ainsi un homme entêté d'Aristote ne peut goûter qu'Aristote; il

---

[1] *Indiscret,* qui manque de réserve, de retenue.

Et pourquoi? pour venger je ne sais quels prophètes,

Dont elle avait puni les ardeurs *indiscrètes.*

(RACINE, *Athalie,* acte II sc. VII.)

2*

veut juger de tout par rapport à Aristote; ce qui est contraire à ce philosophe lui paraît faux; il aura toujours quelque passage d'Aristote à la bouche, il le citera en toutes sortes d'occasions et pour toutes sortes de sujets, pour prouver des choses obscures et que personne ne conçoit, pour prouver aussi des choses très évidentes et desquelles des enfants même ne pourraient pas douter, parce qu'Aristote lui est ce que la raison et l'évidence sont aux autres.

De même si un homme est entêté d'Euclide et de géométrie, il voudra rapporter à des lignes et à des propositions de son auteur tout ce que vous lui direz. Il ne vous parlera que par rapport à sa science. Le tout ne sera plus grand que sa partie que parce qu'Euclide l'a dit, et il n'aura point de honte de le citer pour le prouver, comme je l'ai remarqué quelquefois. Mais cela est encore bien plus ordinaire à ceux qui suivent d'autres auteurs que ceux de géométrie; et on trouve très fréquemment dans leurs livres de grands passages grecs, hébreux, arabes, pour prouver des choses qui sont de la dernière évidence.

Tout cela leur arrive, à cause que les traces que les objets de leur préoccupation ont imprimées dans les fibres de leur cerveau sont si profondes, qu'elles demeurent toujours entr'ouvertes, et que les esprits animaux, y passant continuellement, les entretiennent toujours sans leur permettre de se fermer. De sorte que l'âme étant contrainte d'avoir toujours les pensées qui sont liées avec ces traces, elle en devient comme esclave, et elle en est toujours troublée et inquiétée, lors même que, connaissant son égarement, elle veut tâcher d'y remédier. Ainsi elle est continuellement en danger de tomber dans un très grand nombre d'erreurs, si elle ne demeure toujours en garde et dans une résolution inébranlable d'observer la règle dont on a parlé au commencement de cet ouvrage, c'est-à-dire de ne donner un consentement entier qu'à des choses entièrement évidentes.

Je ne parle point ici du mauvais choix que font la plupart du genre d'étude auquel ils s'appliquent. Cela se doit traiter dans la morale, quoique cela se puisse aussi rapporter à ce qu'on vient de dire de la préoccupation. Car lorsqu'un homme se jette à corps perdu dans la lecture des rabbins et des livres de toutes sortes de langues les plus inconnues, et par conséquent les plus inutiles, et qu'il y consume toute sa vie, il le fait sans doute par préoccupation et sur une espérance imaginaire de devenir savant, quoiqu'il ne puisse jamais acquérir par cette voie aucune véritable science. Mais comme cette application à une étude inutile ne nous jette pas tant dans l'erreur qu'elle nous fait perdre notre temps, le plus précieux de nos biens, pour nous remplir d'une sotte vanité, on ne parlera point ici de ceux qui se mettent en tête de devenir savants dans toutes ces sortes de sciences basses ou inutiles, desquelles le nombre est fort grand, et que l'on étudie d'ordinaire avec trop de passion.

CHAPITRE VII

I. Des inventeurs de nouveaux systèmes. — II. Dernière erreur des personnes d'étude.

I. Nous venons de faire voir l'état de l'imagination des personnes d'étude, qui donnent tout à l'autorité de certains auteurs : il y en a encore d'autres qui leur sont bien opposées. Ceux-ci ne respectent jamais les auteurs, quelque estime qu'ils aient parmi les savants. S'ils les ont estimés, ils ont bien changé depuis ; ils s'érigent eux-mêmes en auteurs. Ils veulent être les inventeurs de quelque opinion nouvelle, afin d'acquérir par là quelque réputation dans le monde ; et ils s'assurent qu'en disant quelque chose qui n'ait point encore été dite, ils ne manqueront pas d'admirateurs.

Ces sortes de gens ont d'ordinaire l'imagination assez

forte; les fibres de leur cerveau sont de telle nature, qu'elles conservent longtemps les traces qui leur ont été imprimées. Ainsi lorsqu'ils ont une fois imaginé un système qui a quelque vraisemblance, on ne peut plus les en détromper. Ils retiennent et conservent très chèrement toutes les choses qui peuvent servir en quelque manière à le confirmer; et au contraire ils n'aperçoivent presque pas toutes les objections qui lui sont opposées, ou bien ils s'en défont par quelque distinction frivole. Ils se plaisent intérieurement dans la vue de leur ouvrage et de l'estime qu'ils espèrent en recevoir. Ils ne s'appliquent qu'à considérer l'image de la vérité que portent leurs opinions vraisemblables; ils arrêtent cette image fixe devant leurs yeux, mais ils ne regardent jamais d'une vue arrêtée les autres faces de leurs sentiments, lesquelles leur en découvriraient la fausseté.

Il faut de grandes qualités pour trouver quelque véritable système; car il ne suffit pas d'avoir beaucoup de vivacité et de pénétration, il faut outre cela une certaine grandeur et une certaine étendue d'esprit qui puisse envisager un très grand nombre de choses à la fois. Les petits esprits, avec toute leur vivacité et toute leur délicatesse, ont la vue trop courte pour voir tout ce qui est nécessaire à l'établissement de quelque système. Ils s'arrêtent à de petites difficultés qui les rebutent, ou à quelques lueurs qui les éblouissent; ils n'ont pas la vue assez étendue pour voir tout le corps d'un grand sujet en même temps.

Mais quelque étendue et quelque pénétration qu'ait l'esprit, si avec cela il n'est exempt de passion et de préjugés, il n'y a rien à espérer. Les préjugés occupent une partie de l'esprit et en infectent tout le reste. Les passions confondent toutes les idées en mille manières, et nous font presque toujours voir dans les objets tout ce que nous désirons d'y trouver. La passion même que nous avons pour la vérité nous trompe quelquefois, lorsqu'elle est trop ardente; mais le désir de paraître savant est ce qui nous empêche le plus d'acquérir une science véritable.

Il n'y a donc rien de plus rare que de trouver des personnes capables de faire de nouveaux systèmes ; cependant il n'est pas fort rare de trouver des gens qui s'en soient formé quelqu'un à leur fantaisie. On ne voit que fort peu de ceux qui étudient beaucoup raisonner selon les notions communes ; il y a toujours quelque irrégularité dans leurs idées ; et cela marque assez qu'ils ont quelque système particulier qui ne nous est pas connu. Il est vrai que tous les livres qu'ils composent ne s'en sentent pas : car, quand il est question d'écrire pour le public, on prend garde de plus près à ce qu'on dit, et l'attention toute seule suffit assez souvent pour nous détromper. On voit toutefois de temps en temps quelques livres qui prouvent assez ce que l'on vient de dire ; car il y a même des personnes qui font gloire de marquer dès le commencement de leurs livres qu'ils ont inventé quelque nouveau système.

Le nombre des inventeurs de nouveaux systèmes s'augmente encore beaucoup par ceux qui s'étaient préoccupés de quelque auteur, parce qu'il arrive souvent que, n'ayant rencontré rien de vrai ni de solide dans les opinions des auteurs qu'ils ont lus, ils entrent premièrement dans un grand dégoût et un grand mépris de toutes sortes de livres ; et ensuite ils imaginent une opinion vraisemblable qu'ils embrassent de tout leur cœur, et dans laquelle ils se fortifient de la manière qu'on vient d'expliquer.

Mais lorsque cette grande ardeur qu'ils ont eue pour leur opinion s'est ralentie, ou que le dessein de la faire paraître en public les a obligés à l'examiner avec une attention plus exacte et plus sérieuse, ils en découvrent la fausseté et ils la quittent, mais avec cette condition qu'ils n'en prendront jamais d'autres, et qu'ils condamneront absolument tous ceux qui prétendront avoir découvert quelque vérité.

II. De sorte que la dernière et la plus dangereuse erreur où tombent plusieurs personnes d'étude, c'est qu'ils prétendent qu'on ne peut rien savoir. Ils ont lu beaucoup de livres anciens et nouveaux, où ils n'ont point trouvé la vérité : ils ont eu plusieurs belles pensées qu'ils ont trouvées fausses, après les avoir examinées avec plus d'atteniion. De là ils concluent que tous les hommes leur ressemblent, et que si ceux qui croient avoir découvert quelques vérités y faisaient une réflexion plus sérieuse, ils se détromperaient aussi bien qu'eux. Cela leur suffit pour les condamner sans entrer dans un examen plus particulier, parce que, s'ils ne les condamnaient pas, ce serait en quelque manière tomber d'accord qu'ils ont plus d'esprit qu'eux, et cela ne leur paraît pas vraisemblable.

Ils regardent donc comme opiniâtres tous ceux qui assurent quelque chose[1] comme certain ; et ils ne veulent pas qu'on parle des sciences comme des vérités évidentes, desquelles on ne peut pas raisonnablement douter, mais seulement comme des opinions qu'il est bon de ne pas ignorer. Cependant ces personnes devraient considérer que, s'ils ont lu un fort grand nombre de livres, ils ne les ont pas néanmoins lus tous, ou qu'ils ne les ont pas lus avec toute l'attention nécessaire pour les bien comprendre, et que, s'ils ont eu beaucoup de belles pensées qu'ils ont trouvées fausses dans la suite, néanmoins ils n'ont pas eu toutes celles qu'on peut avoir ; et qu'ainsi il se peut bien faire que d'autres auront mieux rencontré qu'eux. Et il n'est pas nécessaire, absolument parlant, que ces autres aient plus d'esprit qu'eux, si cela les choque, car il suffit qu'ils aient été plus heureux. On ne leur fait point de tort quand on dit qu'on sait avec évidence ce qu'ils ignorent, puisqu'on dit en même temps que plusieurs siècles ont ignoré les mêmes vérités, non pas faute de bons esprits, mais parce que ces bons esprits n'ont pas bien rencontré d'abord[2].

Qu'ils ne se choquent donc point si on voit clair, et si on parle comme l'on voit. Qu'ils s'appliquent à ce qu'on leur dit, si leur esprit est encore capable d'application après tous leurs égarements, et qu'ils jugent ensuite, il leur est permis ; mais qu'ils se taisent s'ils ne veulent rien examiner. Qu'ils fassent un peu quelque réflexion, si cette

---

[1] *Quelque chose*, comme un seul mot, est masculin.

[2] Malebranche combat avec justesse et avec force ce doute systématique et opiniâtre qui décèle bien plus la faiblesse que la force de l'esprit.

réponse qu'ils font d'ordinaire sur la plupart des choses qu'on leur demande : On ne sait pas cela; personne ne sait comment cela se fait, n'est pas une réponse peu judicieuse, puisque, pour la faire, il faut de nécessité qu'ils croient savoir tout ce que les hommes savent, ou tout ce que les hommes peuvent savoir[1]; car, s'ils n'avaient pas cette pensée-là d'eux-mêmes, leur réponse serait encore plus impertinente. Et pourquoi trouvent-ils tant de difficulté à dire : Je n'en sais rien, puisqu'en certaines rencontres, ils tombent d'accord qu'ils ne savent rien? et pourquoi faut-il conclure que tous les hommes sont des ignorants, à cause qu'ils sont intérieurement convaincus qu'ils sont eux-mêmes des ignorants?

Il y a donc de trois sortes de personnes qui s'appliquent à l'étude. Les uns s'entêtent mal à propos de quelque auteur ou de quelque science inutile ou fausse. Les autres se préoccupent de leurs propres fantaisies. Enfin les derniers, qui viennent d'ordinaire des deux autres, sont ceux qui s'imaginent connaître tout ce qui peut être connu, et qui, persuadés qu'ils ne savent rien avec certitude, concluent généralement qu'on ne peut rien savoir avec évidence, et regardent toutes les choses qu'on leur dit comme de simples opinions.

Il est facile de voir que tous les défauts de ces trois sortes de personnes dépendent des propriétés de l'imagination, qu'on a expliquées dans les chapitres précédents, et que tout cela ne leur arrive que par des préjugés qui leur bouchent l'esprit, et qui ne leur permettent pas d'apercevoir d'autres objets que ceux de leur préoccupation. On peut dire que leurs préjugés sont dans leur esprit ce que les ministres des princes sont à l'égard de leurs maîtres. Car de même que ces personnes ne permettent, autant qu'ils peuvent, qu'à ceux qui sont dans leurs intérêts, ou qui ne peuvent les déposséder de leur faveur, de parler à leurs maîtres : ainsi les préjugés de ceux-ci ne permettent

[1] « Tout jugement critique implique un dogmatisme complet. » (P. DE LA BASTIE, de l'Oratoire. *Lettres et fragments*, Paris, 1867.)

pas que leur esprit regarde fixement les idées des objets toutes pures et sans mélange ; mais ils les déguisent, ils les couvrent de leurs livrées, et ils les lui présentent ainsi toutes masquées ; de sorte qu'il est très difficile qu'il se détrompe et reconnaisse ses erreurs [1].

CHAPITRE VIII

I. Des esprits efféminés. — II. Des esprits superficiels. — III. Des personnes d'autorité. — IV. De ceux qui font des expériences.

Ce que nous venons de dire suffit, ce me semble, pour reconnaître en général quels sont les défauts d'imagination des personnes d'étude, et les erreurs auxquelles ils sont le plus sujets. Or comme il n'y a ... que ces personnes-là qui se mettent en peine de ... la vérité, et même que tout le monde s'en rapporte à eux, il semble qu'on pourrait finir ici cette seconde partie. Cependant il est à propos de dire encore quelque chose des erreurs des autres hommes, parce qu'il ne sera pas inutile d'en être averti.

I. Tout ce qui flatte les sens nous touche extrêmement, et tout ce qui nous touche nous applique à proportion [2] qu'il nous touche. Ainsi ceux qui s'abandonnent à toutes sortes de divertissements très sensibles et très agréables, ne sont pas capables de pénétrer des vérités qui renferment quelque difficulté considérable, parce que la capacité de leur esprit qui n'est pas infinie est toute remplie de leurs plaisirs, ou du moins elle en est fort partagée.

La plupart des grands, des gens de cour, des personnes

---

[1] La comparaison est jolie.

[2] *A proportion que*, tour familier au XVIIe siècle. « ... Il (ce scandale) ne se forme dans nous qu'à *propor-* *tion que* nos mœurs se pervertissent. » (BOURDALOUE, *Dominicales ; Sur le scandale de la croix et des humiliations de Jésus-Christ.*)

riches, des jeunes gens, et de ceux qu'on appelle beaux esprits, étant dans des divertissements continuels, et n'étudiant que l'art de plaire par tout ce qui flatte la concupiscence et les sens, ils acquièrent peu à peu une telle délicatesse dans ces choses ou une telle mollesse, qu'on peut dire fort souvent que ce sont plutôt des esprits efféminés que des esprits fins, comme ils le prétendent. Car il y a bien de la différence entre la véritable finesse de l'esprit et la mollesse, quoique l'on confonde ordinairement ces deux choses.

Les esprits fins sont ceux qui remarquent par la raison jusqu'aux moindres différences des choses, qui prévoient les effets qui dépendent des causes cachées, peu ordinaires et peu visibles; enfin ce sont ceux qui pénètrent davantage les sujets qu'ils considèrent. Mais les esprits mous n'ont qu'une fausse délicatesse; ils ne sont ni vifs ni perçants; ils ne voient pas les effets des causes même les plus grossières et les plus palpables; enfin ils ne peuvent rien embrasser ni rien pénétrer, mais ils sont extrêmement délicats pour les manières. Un mauvais mot, un accent de province, une petite grimace les irrite infiniment plus qu'un amas confus de méchantes raisons. Ils ne peuvent reconnaître le défaut d'un raisonnement, mais ils sentent parfaitement bien une fausse mesure et un geste mal réglé. En un mot, ils ont une parfaite intelligence des choses sensibles, parce qu'ils ont fait un usage continuel de leurs sens; mais ils n'ont point la véritable intelligence des choses qui dépendent de la raison, parce qu'ils n'ont presque jamais fait usage de la leur [1].

Cependant ce sont ces sortes de gens qui ont le plus d'estime dans le monde, et qui acquièrent plus facilement la réputation de bel esprit. Car lorsqu'un homme parle avec un air libre et dégagé, que ses expressions sont pures et bien choisies, qu'il se sert de figures qui flattent les sens et qui excitent les passions d'une manière imperceptible, quoiqu'il ne dise que des sottises, et qu'il n'y a rien

---

[1] La Bruyère n'a rien qui surpasse ces peintures si vraies et si fines.

de bon ni rien de vrai sous ces belles paroles, c'est suivant l'opinion commune un bel esprit, c'est un esprit fin,
c'est un esprit délié. On ne s'aperçoit pas que c'est seulement un esprit mou et efféminé, qui ne brille que par de
fausses lueurs et qui n'éclaire jamais, qui ne persuade que
parce que nous avons des oreilles et des yeux, et non point
parce que nous avons de la raison.

Au reste, l'on ne nie pas que tous les hommes ne se
sentent de cette faiblesse que l'on vient de remarquer en
quelques-uns d'entre eux. Il n'y en a point dont l'esprit ne
soit touché par les impressions de leurs sens et de leurs
passions, et par conséquent qui ne s'arrête quelque peu
aux manières. Tous les hommes ne diffèrent en cela que
du plus ou du moins. Mais la raison pour laquelle on a
attribué ce défaut à quelques-uns en particulier, c'est qu'il
y en a qui voient bien que c'est un défaut, et qui s'appliquent à s'en corriger. Au lieu que ceux dont on vient de
parler le regardent comme une qualité fort avantageuse.
Bien loin de reconnaître que cette fausse délicatesse est
l'effet d'une mollesse efféminée et l'origine d'un nombre
infini de maladies d'esprit, ils s'imaginent que c'est un effet
et une marque de la beauté de leur génie.

II. On peut joindre à ceux dont on vient de parler un
fort grand nombre d'esprits superficiels qui n'approfondis-
sent jamais rien, et qui n'aperçoivent que confusément les
différences des choses, non par leur faute, comme ceux
dont on vient de parler, car ce ne sont point les divertissements qui leur rendent l'esprit petit, mais parce qu'ils
l'ont naturellement petit. Cette petitesse d'esprit ne vient
pas de la nature de l'âme, comme on pourrait se l'imaginer; elle est causée quelquefois par une grande disette ou
par une grande lenteur des esprits animaux, quelquefois
par l'inflexibilité des fibres du cerveau, quelquefois aussi
par une abondance immodérée des esprits et du sang,
ou par quelque autre cause qu'il n'est pas nécessaire de
savoir.

Il y a donc des esprits de deux sortes. Les uns remarquent aisément les différences des choses, et ce sont les

bons esprits. Les autres imaginent et supposent de la ressemblance entre elles, et ce sont les esprits superficiels. Les premiers ont le cerveau propre à recevoir des traces nettes et distinctes des objets qu'ils considèrent; et parce qu'ils sont fort attentifs aux idées de ces traces, ils voient ces objets comme de près, et rien ne leur échappe. Mais les esprits superficiels n'en reçoivent que des traces faibles ou confuses. Ils ne les voient que comme en passant, de loin et fort confusément; de sorte qu'elles leur paraissent semblables, comme les visages de ceux que l'on regarde de trop loin : parce que l'esprit suppose toujours de la ressemblance et de l'égalité, où il n'est pas obligé de reconnaître de différence et d'inégalité pour les raisons que je dirai dans le troisième livre.

La plupart de ceux qui parlent en public, tous ceux qu'on appelle grands parleurs, et beaucoup même de ceux qui s'énoncent avec beaucoup de facilité, quoiqu'ils parlent fort peu, sont de ce genre. Car il est extrêmement rare que ceux qui méditent sérieusement puissent bien expliquer les choses qu'ils ont méditées. D'ordinaire ils hésitent quand ils entreprennent d'en parler, parce qu'ils ont quelque scrupule de se servir de termes qui réveillent dans les autres une fausse idée. Ayant honte de parler simplement pour parler, comme font beaucoup de gens qui parlent cavalièrement de toutes choses, ils ont beaucoup de peine à trouver des paroles qui expriment bien des pensées qui ne sont pas ordinaires [1].

[1] Y aurait-il ici un secret et inconscient dépit du *méditatif* contre les grands et aussi contre les beaux parleurs? Peut-être, si un disciple de Duguet, le janséniste d'Etemare, avait pleinement raison. D'Etemare disait « que le P. Malebranche n'avait pas la conversation ce qui s'appelle agréable. Il répétait beaucoup, ne disant rien de nouveau et ne vous disant rien de pl... que ce qui est dans ses livres, aux quels il renvoyait toujours. » (*P.-R.*, livre VI.) Mais le récit d'Adry corrige celui de d'Etemare. « Le peu d'intérêt qu'il (Malebranche) mettait aux nouvelles et aux sujets que l'on traite d'ordinaire, faisait qu'il ne contait pas bien une histoire et qu'il cherchait même ses mots; mais lorsqu'on le mettait sur des matières qu'il avait méditées, alors il s'expliquait aussi noblement que dans ses livres, et il n'hésitait nulle part. » (Dans la *Vie de Malebranche*, par André, ch. xii.)

III. Quoiqu'on honore infiniment les personnes de piété, les théologiens, les vieillards, et généralement tous ceux qui ont acquis avec justice beaucoup d'autorité sur les autres hommes, cependant on croit être obligé de dire d'eux qu'il arrive souvent qu'ils se croient infaillibles, à cause que le monde les écoute avec respect; qu'ils font peu d'usage de leur esprit pour découvrir les vérités spéculatives; et qu'ils condamnent trop librement tout ce qu'il leur plaît de condamner, sans l'avoir considéré avec assez d'attention. Ce n'est pas qu'on trouve à redire qu'ils ne s'appliquent pas à beaucoup de sciences qui ne sont pas fort nécessaires; il leur est permis de ne s'y point appliquer, et même de les mépriser; mais ils n'en doivent pas juger par fantaisie et sur des soupçons mal fondés[1]. Car ils doivent considérer que la gravité avec laquelle ils parlent, l'autorité qu'ils ont acquise sur l'esprit des autres, et la coutume qu'ils ont de confirmer ce qu'ils disent par quelque passage de la sainte Écriture, jetteront infailliblement dans l'erreur ceux qui les écoutent avec respect, et qui, n'étant pas capables d'examiner les choses à fond, se laissent surprendre aux manières et aux apparences.

Lorsque l'erreur porte les livrées de la vérité, elle est souvent plus respectée que la vérité même, et ce faux respect a des suites très dangereuses. « Pessima res est errorum apotheosis, et pro peste intellectus habenda est, si vanis accedat veneratio[2]. » Ainsi lorsque certaines personnes, ou par un faux zèle, ou pour l'amour qu'ils ont eu pour leurs propres pensées, se sont servis de l'Écriture sainte pour établir de faux principes de physique ou de métaphysique, ils ont été souvent écoutés comme des oracles par des gens qui les ont crus sur leur parole, à cause du respect qu'ils devaient à l'autorité sainte; mais il est

---

[1] Malebranche est bien sévère aussi pour les théologiens. Il était cependant du siècle de Petau, de Thomassin, de Bossuet. Mais dans cette sévérité n'y aurait-il pas quelque ressentiment ?

[2] Bacon (*Note de Malebranche*). « C'est une chose détestable que l'apothéose des erreurs; et c'est une vraie peste de l'intelligence que la vénération qui s'attache aux choses vaines. »

aussi arrivé que quelques esprits mal faits ont pris sujet de
là de mépriser la Religion. De sorte que, par un renversement étrange, l'Écriture sainte a été cause de l'erreur de
quelques-uns, et la vérité a été le motif et l'origine de
l'impiété de quelques autres. Il faut donc bien prendre
garde, dit l'auteur que nous venons de citer, de ne pas
chercher les choses mortes avec les vivantes, et de ne pas
prétendre par son propre esprit découvrir dans la sainte
Écriture ce que le Saint-Esprit n'a pas voulu déclarer.
« Ex divinorum et humanorum malesana admixtione,
continue-t-il, non solùm educitur Philosophia phantastica,
sed etiam Religio hæretica. Itaque salutare admodum est
si mente sobria fidei tantum dentur, quæ fidei sunt [1]. »
Toutes les personnes donc qui ont autorité sur les autres
ne doivent rien décider qu'après y avoir d'autant plus
pensé, que leurs décisions sont plus suivies; et les théologiens principalement doivent bien prendre garde à ne
point faire mépriser la Religion par un faux zèle, ou pour
se faire estimer eux-mêmes et donner cours à leurs opinions. Mais parce que ce n'est pas à moi à leur dire ce
qu'ils doivent faire, qu'ils écoutent saint Thomas, leur
maître, qui, étant interrogé par son général pour savoir
son sentiment sur quelques articles, lui répond par saint
Augustin en ces termes :

« Il est bien dangereux de parler décisivement sur des
matières qui ne sont point de la foi, comme si elles en
étaient. Saint Augustin nous l'apprend dans le cinquième
livre de ses *Confessions*. Lorsque je vois, dit-il, un chrétien
qui ne sait pas le sentiment des philosophes touchant les
cieux, les étoiles et les mouvements du soleil et de la
lune, et qui prend une chose pour une autre, je le laisse
dans ses opinions et dans ses doutes; car je ne vois pas que
l'ignorance où il est de la situation des corps, et des différents arrangements de la matière lui puisse nuire, pourvu

---

[1] Du mélange malsain des choses
divines et des choses humaines résulte non seulement une philosophie mensongère, mais encore une
religion hérétique. Rien n'est donc
plus salutaire que cette sobriété
d'esprit qui ne donne à la foi que
ce qui est à la foi. »

qu'il n'ait pas des sentiments indignes de vous, ô Seigneur, qui nous avez tous créés. Mais il se fait tort, s'il se persuade que ces choses touchent la religion, et s'il est assez hardi pour assurer avec opiniâtreté ce qu'il ne sait point. Le même saint explique encore plus clairement sa pensée sur ce sujet, dans le premier livre de l'*Explication littérale de la Genèse*, en ces termes : Un chrétien doit bien prendre garde à ne point parler de ces choses, comme si elles étaient de la sainte Écriture ; car un infidèle qui lui entendrait dire des extravagances, qui n'auraient aucune apparence de vérité, ne pourrait pas s'empêcher d'en rire. Ainsi le chrétien n'en recevrait que de la confusion, et l'infidèle en serait mal édifié. Toutefois ce qu'il y a de plus fâcheux dans ces rencontres n'est pas que l'on voie qu'un homme s'est trompé ; mais c'est que les infidèles que nous tâchons de convertir s'imaginent faussement, et pour leur perte inévitable, que nos auteurs ont des sentiments aussi extravagants, de sorte qu'ils les condamnent et les méprisent comme des ignorants. Il est donc, ce me semble, bien plus à propos de ne point assurer comme des dogmes de la foi des opinions communément reçues des philosophes, lesquelles ne sont point contraires à notre foi, quoiqu'on puisse se servir quelquefois de l'autorité des philosophes pour les faire recevoir. Il ne faut pas aussi rejeter ces opinions comme étant contraires à notre foi, pour ne point donner de sujet aux sages de ce monde de mépriser les vérités saintes de la religion chrétienne [1]. »

---

[1] Multum autem nocet talia quæ ad pietatis doctrinam non spectant, vel asserere vel negare, quasi pertinentia ad sacram doctrinam. Dicit enim Aug. in 5. *Confess.* cùm audio Christianum aliquem fratrem ista, quæ Philosophi de cœlo, aut stellis, et de solis et lunæ motibus dixerunt, nescientem, et aliud pro alio sentientem, patienter intueor opinantem hominem; nec illi obesse video, cùm de te, Domine, Creator omnium nostrum, non credat indigna, si fortè situs, et habitus creaturæ corporalis ignoret. Obest autem, si hæc ad ipsam doctrinam pietatis pertinere arbitretur, et pertinacius affirmare audeat quod ignorat. Quod autem obsit, manifestat Aug. in I. *super Genes. ad litteram.* Turpe est, inquit, nimis, et perniciosum, ac maximè cavendum ut Christianum de his rebus quasi secundum christianas litteras loquentem, ita delirare quilibet infidelis audiat, ut quemadmodùm dicitur

La plupart des hommes sont si négligents et si déraisonnables, qu'ils ne font point de discernement entre la parole de Dieu et celle des hommes, lorsqu'elles sont jointes ensemble; de sorte qu'ils tombent dans l'erreur en les approuvant toutes deux, ou dans l'impiété en les méprisant indifféremment. Il est encore bien facile de voir la cause de ces dernières erreurs, et qu'elles dépendent de la liaison des idées expliquées dans le chapitre v, et il n'est pas nécessaire de s'arrêter à l'expliquer davantage[1].

IV. Il semble à propos de dire ici quelque chose des chimistes et généralement de tous ceux qui emploient leur temps à faire des expériences. Ce sont des gens qui cherchent la vérité; on suit ordinairement leurs opinions sans les examiner. Ainsi leurs erreurs sont d'autant plus dangereuses, qu'ils les communiquent aux autres avec plus de facilité.

Il vaut mieux sans doute étudier la nature que les livres; les expériences visibles et sensibles prouvent cer⸱   ⸱ent beaucoup plus que les raisonnements des homm⸱   ⸱t on ne peut trouver à redire que ceux qui sont engagés par leur condition à l'étude de la physique, tâchent de s'y rendre habiles par des expériences continuelles, pourvu qu'ils s'appliquent encore davantage aux sciences qui leur sont encore plus nécessaires. On ne blâme donc point la philosophie expérimentale ni ceux qui la cultivent, mais seulement leurs défauts.

---

toto cœlo errare conspiciens, risum tenere vix possit. Et non tamen molestum est, quod errans homo videatur : sed quod Auctores nostri ab eis qui foris sunt, talia sensisse creduntur, et cum magno eorum exitio, de quorum salute satagimus, tanquam indocti reprehenduntur atque respuuntur. Unde mihi videtur tutius esse, ut hæc quæ Philosophi communes (alias communius) senserunt, et nostræ fidei non repugnant, neque esse sic asserenda, ut dogmata fidei, licet aliquando sub nomine Philosophorum introducantur, neque sic esse neganda' tanquam fidei contraria, ne sapientibus hujus mundi contemnendi doctrinam fidei occasio præbeatur. Opusc. 9.

[1] Sur la grave question que Malebranche aborde ici, voir, parmi les ouvrages publiés de nos jours, les travaux de M. l'abbé Vigouroux sur l'Écriture sainte, et l'*Apologie scientifique de la foi chrétienne*, par M. le chanoine Duilhé de Saint-Projet, professeur à l'école supérieure de théologie de Toulouse.

Le premier est que pour l'ordinaire ce n'est point la lumière de la raison qui les conduit dans l'ordre de leurs expériences, ce n'est que le hasard : ce qui fait qu'ils n'en deviennent guère plus éclairés ni plus savants, après y avoir employé beaucoup de temps et de bien.

Le second est qu'ils s'arrêtent plutôt à des expériences curieuses et extraordinaires, qu'à celles qui sont les plus communes. Cependant il est visible que les plus communes étant les plus simples, il faut s'y arrêter d'abord avant que de s'appliquer à celles qui sont plus composées et qui dépendent d'un plus grand nombre de causes.

Le troisième est qu'ils cherchent avec ardeur et avec assez de soin les expériences qui apportent du profit, et qu'ils négligent celles qui ne servent qu'à éclairer l'esprit.

Le quatrième est qu'ils ne remarquent pas avec assez d'exactitude toutes les circonstances particulières, comme du temps, du lieu, de la qualité des drogues dont ils se servent ; quoique la moindre de ces circonstances soit quelquefois capable d'empêcher l'effet qu'on espère. Car il faut observer que tous les termes dont les physiciens se servent sont équivoques, et que le mot de vin, par exemple, signifie autant de choses différentes qu'il y a de différents terroirs, de différentes saisons, de différentes manières de faire le vin et de le garder. De sorte qu'on peut même dire en général qu'il n'y en a pas deux tonneaux tout à fait semblables, et qu'ainsi quand un physicien dit : Pour faire telle expérience, prenez du vin ; on ne sait que très confusément ce qu'il veut dire. C'est pourquoi il faut user d'une très grande circonspection dans les expériences, et ne descendre point aux composés que [1] lorsqu'on a bien connu la raison des plus simples et des plus ordinaires.

Le cinquième est que d'une seule expérience ils en tirent trop de conséquences. Il faut, au contraire, presque toujours plusieurs expériences pour bien conclure une

[1] *Que* est ici pour *si ce n'est.* « M. d'Ormesson n'a point découvert cela *que* lorsqu'il n'y a plus eu de remède. » (Mme de SÉVIGNÉ, 11 déc. 1664.)

seule chose, quoiqu'une seule expérience puisse aider à tirer plusieurs conclusions.

Enfin la plupart des physiciens et des chimistes ne considèrent que les effets particuliers de la nature; ils ne remontent jamais aux premières notions des choses qui composent les corps. Cependant il est indubitable qu'on ne peut connaître clairement et distinctement les choses particulières de la physique, si on ne possède bien ce qu'il y a de plus général, et si on ne s'élève même jusqu'au métaphysique. Enfin ils manquent souvent de courage et de confiance, ils se lassent à cause de la fatigue et de la dépense. Il y a encore beaucoup d'autres défauts dans les personnes dont nous venons de parler; mais on ne prétend pas tout dire.

Les causes des fautes qu'on a remarquées sont le peu d'application, les propriétés de l'imagination expliquées dans le chapitre v de la première partie de ce livre, et dans le chapitre ii de celle-ci, et surtout de ce qu'on ne juge de la différence des corps et du changement qui leur arrive, que par les sensations qu'on en a, selon ce qu'on a expliqué dans le premier livre.

TROISIÈME PARTIE

DE LA COMMUNICATION CONTAGIEUSE

DES IMAGINATIONS FORTES

CHAPITRE I

I. De la disposition que nous avons à imiter les autres en toutes choses, laquelle est l'origine de la communication des erreurs qui dépendent de la puissance de l'imagination. — II. Deux causes principales qui augmentent cette disposition. — III. Ce que c'est qu'imagination forte. — IV. Qu'il y en a de plusieurs sortes. Des fous et de ceux qui ont l'imagination forte dans le sens qu'on l'entend ici. — V. Deux défauts considérables de ceux qui ont l'imagination forte. — VI. De la puissance qu'ils ont de persuader et d'imposer.

I. Après avoir expliqué la nature de l'imagination, les défauts auxquels elle est sujette, et comment notre propre imagination nous jette dans l'erreur, il ne reste plus à parler dans ce second livre que de la communication contagieuse des imaginations fortes, je veux dire de la force que certains esprits ont sur les autres pour les engager dans leurs erreurs.

Les imaginations fortes sont extrêmement contagieuses : elles dominent sur celles qui sont faibles; elles leur donnent peu à peu leurs mêmes tours, et leur impriment leurs mêmes caractères. Ainsi ceux qui ont l'imagination forte et vigoureuse, étant tout à fait déraisonnables, il y a très peu de causes plus générales des erreurs des hommes, que cette communication dangereuse de l'imagination.

Pour concevoir ce que c'est que cette contagion et comment elle se transmet de l'un à l'autre, il faut savoir que les hommes ont besoin les uns des autres, et qu'ils sont faits pour composer ensemble plusieurs corps, dont toutes les parties aient entre elles une mutuelle correspondance. C'est pour entretenir cette union que Dieu leur a commandé d'avoir de la charité les uns pour les autres. Mais parce que l'amour-propre pouvait peu à peu éteindre la charité et rompre ainsi le nœud de la société civile, il a été à propos, pour la conserver, que Dieu unît encore les hommes par des liens naturels, qui subsistassent au défaut de la charité, et qui intéressassent l'amour-propre [1].

Ces liens naturels, qui nous sont communs avec les bêtes, consistent dans une certaine disposition du cerveau qu'ont tous les hommes, pour imiter quelques-uns de ceux avec lesquels ils conversent, pour former les mêmes jugements qu'ils font, et pour entrer dans les mêmes passions dont ils sont agités. Et cette disposition lie d'ordinaire les hommes les uns avec les autres beaucoup plus étroitement qu'une charité fondée sur la raison, laquelle charité est assez rare.

Lorsqu'un homme n'a pas cette disposition du cerveau pour entrer dans nos sentiments et dans nos passions, il est incapable par sa nature de se lier avec nous et de faire un même corps ; il ressemble à ces pierres irrégulières qui ne peuvent trouver leur place dans un bâtiment, parce qu'on ne les peut joindre avec les autres.

> Oderunt hilarem tristes, tristemque jocosi;
> Sedatum celeres, agilem gnavumque remissi [2].

---

[1] Malebranche rabaisse par trop les biens naturels, en les rapportant à l'amour-propre et en disant qu'ils « nous sont communs avec les bêtes ». La nature n'existe guère pour Malebranche ; elle existait pour saint Thomas et pour les grands docteurs catholiques qui lui ont reconnu sa place, subordonnée mais légitime, dans l'ordre de la Providence.

[2] Horace, *Ep.*, l. I, ep. XVIII. « Un mélancolique n'aime pas celui qui rit, ni l'homme triste celui qui est joyeux. L'homme vif n'aime pas l'homme tranquille ; le paresseux, l'homme laborieux et alerte. »

Il faut plus de vertu qu'on ne pense pour ne pas rompre avec ceux qui n'ont point d'égard à nos passions, et qui ont des sentiments contraires aux nôtres. Et ce n'est pas tout à fait sans raison ; car lorsqu'un homme a sujet d'être dans la tristesse ou dans la joie, c'est lui insulter en quelque manière que de ne pas entrer dans ses sentiments. S'il est triste, on ne doit pas se présenter devant lui avec un air gai et enjoué, qui marque de la joie et qui en imprime les mouvements avec effort dans son imagination, parce que c'est le vouloir ôter de l'état qui lui est le plus convenable et le plus agréable, la tristesse même étant la plus agréable de toutes les passions à un homme qui souffre quelque misère.

II. Tous les hommes ont donc une certaine disposition de cerveau, qui les porte naturellement à se composer [1] de la même manière que quelques-uns de ceux avec qui ils vivent. Or cette disposition a deux causes principales qui l'entretiennent et qui l'augmentent : l'une est dans l'âme, et l'autre dans le corps. La première consiste principalement dans l'inclination qu'ont tous les hommes pour la grandeur et pour l'élévation, pour obtenir dans l'esprit des autres une place honorable. Car c'est cette inclination qui nous excite secrètement à parler, à marcher, à nous habiller, et à prendre l'air des personnes de qualité. C'est la source des modes nouvelles, de l'instabilité des langues vivantes [2], et même de certaines corruptions générales des mœurs. Enfin c'est la principale origine de toutes les nouveautés extravagantes et bizarres, qui ne sont point appuyées sur la raison, mais seulement sur la fantaisie des hommes.

L'autre cause qui augmente la disposition que nous avons à imiter les autres, de laquelle nous devons principalement parler ici, consiste dans une certaine impression que les personnes d'une imagination forte font sur les esprits faibles et sur les cerveaux tendres et délicats.

---

[1] *Se composer,* prendre certaine contenance.

Composez-vous sur eux, âmes belles et hautes.   (MALHERBE.)

[2] Faut-il remarquer qu'une telle instabilité a d'autres causes, et bien plus profondes que celle-là ?

III. J'entends par imagination forte et vigoureuse cette constitution du cerveau, qui le rend capable de vestiges et de traces extrêmement profondes, et qui remplissent tellement la capacité de l'âme, qu'elles l'empêchent d'apporter quelque attention à d'autres choses qu'à celles que ces images représentent.

IV. Il y a deux sortes de personnes, qui ont l'imagination forte dans ce sens. Les premières reçoivent ces profondes traces par l'impression involontaire et déréglée des esprits animaux; et les autres, desquelles on veut principalement parler, les reçoivent par la disposition qui se trouve dans la substance de leur cerveau.

Il est visible que les premiers sont entièrement fous, puisqu'ils sont contraints [1] par l'union naturelle qui est entre leurs idées et ces traces, de penser à des choses auxquelles les autres avec qui ils conversent ne pensent pas: ce qui les rend incapables de parler à propos et de répondre juste aux demandes qu'on leur fait.

Il y en a d'une infinité de sortes qui ne diffèrent que du plus et du moins; et l'on peut dire que tous ceux qui sont agités de quelque passion violente sont de leur nombre, puisque, dans le temps de leur émotion, les esprits animaux impriment avec tant de force les traces et les images de leur passion, qu'ils ne sont pas capables de penser à autre chose.

Mais il faut remarquer que toutes ces sortes [2] de personnes ne sont pas capables de corrompre l'imagination des esprits même les plus faibles et des cerveaux les plus mous et les plus délicats, pour deux raisons principales :

---

[1] « Les auteurs ont employé indifféremment *contraindre* et *contraindre de*, avec un infinitif, ne consultant en cela que l'oreille. » (LITTRÉ.)

[2] « Dans les phrases où le mot *sorte* est employé, il ne détermine pas l'accord du verbe; cet accord est déterminé par le substantif qui suit. » (LITTRÉ.) Or, nous l'avons déjà remarqué, au XVIIe siècle, on mettait très souvent au masculin les pronoms et les adjectifs qui, dans le courant d'une phrase, se rapportaient au mot *personne,* quand il s'agissait d'un homme. « Les personnes d'esprit ont en *eux* les semences de toutes les vérités et de tous les sentiments; rien ne leur est nouveau; *ils* admirent peu, *ils* approuvent. » (LA BRUYÈRE, *Des ouvrages de l'esprit.*)

la première, parce que, ne pouvant répondre conformément aux idées des autres, ils ne peuvent leur rien persuader ; et la seconde, parce que le dérèglement de leur esprit étant tout à fait sensible, on n'écoute qu'avec mépris tous leurs discours.

Il est vrai néanmoins que les personnes passionnées nous passionnent, et qu'elles font dans notre imagination des impressions qui ressemblent à celles dont elles sont touchées ; mais comme leur emportement est tout à fait visible, on résiste à ces impressions, et l'on s'en défait d'ordinaire quelque temps après. Elles s'effacent d'elles-mêmes, lorsqu'elles ne sont point entretenues par la cause qui les avait produites ; c'est-à-dire lorsque ces emportés ne sont plus en notre présence, et que la vue sensible des traits que la passion formait sur leur visage ne produit plus aucun changement dans les fibres de notre cerveau, ni aucune agitation dans nos esprits animaux.

Je n'examine ici que cette sorte d'imagination forte et vigoureuse, qui consiste dans une disposition du cerveau propre pour recevoir des traces fort profondes des objets les plus faibles et les moins agissants.

Ce n'est pas un défaut que d'avoir le cerveau propre pour imaginer fortement les choses et recevoir des images très distinctes et très vives des objets les moins considérables, pourvu que l'âme demeure toujours là maîtresse de l'imagination, que ces images s'impriment par ses ordres, et qu'elles s'effacent quand il lui plaît : c'est au contraire l'origine de la finesse et de la force de l'esprit. Mais lorsque l'imagination domine sur l'âme, et que, sans attendre les ordres de la volonté, ces traces se forment par la disposition du cerveau et par l'action des objets et des esprits, il est visible que c'est une très mauvaise qualité et une espèce de folie[1]. Nous allons tâcher de faire connaître le caractère de ceux qui ont l'imagination de cette sorte.

---

[1] « L'imagination est une folle qui se plaît à faire la folle. » (1er Entretien sur la métaphysique et sur la religion.) « C'est cette partie décevante dans l'homme, cette maîtresse d'erreur et de fausseté, » a dit Pascal.

Il faut pour cela se souvenir que la capacité de l'esprit est très bornée ; qu'il n'y a rien qui remplisse si fort sa capacité que les sensations de l'âme, et généralement toutes les perceptions des objets qui nous touchent beaucoup ; et que les traces profondes du cerveau sont toujours accompagnées de sensations ou de ces autres perceptions qui nous appliquent fortement. Car par là il est facile de reconnaître les véritables caractères de l'esprit de ceux qui ont l'imagination forte.

V. Le premier, c'est que ces personnes ne sont pas capables de juger sainement des choses qui sont un peu difficiles et embarrassées, parce que la capacité de leur esprit étant remplie des idées qui sont liées par la nature à ces traces trop profondes, ils n'ont pas la liberté de penser à plusieurs choses en même temps. Or, dans les questions composées, il faut que l'esprit parcoure par un mouvement prompt et subit les idées de beaucoup de choses, et qu'il en reconnaisse d'une simple vue tous les rapports et toutes les liaisons qui sont nécessaires pour résoudre ces questions.

Tout le monde sait, par sa propre expérience, qu'on n'est pas capable de s'appliquer à quelque vérité dans le temps que l'on sent quelque douleur un peu forte, parce qu'alors il y a dans le cerveau de ces traces profondes qui occupent la capacité de l'esprit. Ainsi ceux de qui nous parlons ayant des traces plus profondes des mêmes objets que les autres, comme nous le supposons, ils ne peuvent pas avoir autant d'étendue d'esprit, ni embrasser autant de choses qu'eux. Le premier défaut de ces personnes est donc d'avoir l'esprit petit, et d'autant plus petit, que leur cerveau reçoit des traces plus profondes des objets les moins considérables.

Le second défaut, c'est qu'ils sont visionnaires, mais d'une manière délicate et assez difficile à reconnaître. Le commun des hommes ne les estime pas visionnaires, et il n'y a que les esprits justes et éclairés qui s'aperçoivent de leurs visions et de l'égarement de leur imagination.

Pour concevoir l'origine de ce défaut, il faut encore se souvenir de ce que nous avons dit dès le commencement de ce second livre, qu'à l'égard de ce qui se passe dans le cerveau, les sens et l'imagination ne diffèrent que du plus et du moins, et que c'est la grandeur et la profondeur des traces qui font que l'âme sent les objets, qu'elle les juge comme présents et capables de la toucher, et enfin assez proches d'elle pour lui faire sentir du plaisir et de la douleur. Car lorsque les traces d'un objet sont petites, l'âme imagine seulement cet objet; elle ne juge pas qu'il soit présent, et même elle ne le regarde pas comme fort grand et fort considérable. Mais à mesure que ces traces deviennent plus grandes et plus profondes, l'âme juge aussi que l'objet devient plus grand et plus considérable, qu'il s'approche davantage de nous, et enfin qu'il est capable de nous toucher et de nous blesser.

Les visionnaires dont je parle ne sont pas dans cet excès de folie, de croire voir devant leurs yeux des objets qui sont absents : les traces de leur cerveau ne sont pas encore assez profondes, ils ne sont fous qu'à demi, et s'ils l'étaient tout à fait, on n'aurait que faire de parler d'eux ici, puisque tout le monde sentant leur égarement, on ne pourrait pas s'y laisser tromper. Ils ne sont pas visionnaires des sens, mais seulement visionnaires d'imagination. Les fous sont visionnaires des sens, puisqu'ils ne voient pas les choses comme elles sont, et qu'ils en voient souvent qui ne sont point; mais ceux dont je parle ici sont visionnaires d'imagination, puisqu'ils s'imaginent les choses tout autrement qu'elles ne sont, et qu'ils en imaginent même qui ne sont point. Cependant il est évident que les visionnaires des sens et les visionnaires d'imagination ne diffèrent entre eux que du plus et du moins, et que l'on passe souvent de l'état des uns à celui des autres. Ce qui fait qu'on se doit représenter la maladie de l'esprit des derniers par comparaison à celle des premiers, laquelle est plus sensible et fait davantage d'impression sur l'esprit, puisque dans des choses qui ne diffèrent que du plus et du moins, il faut toujours expliquer les moins sensibles par les plus sensibles.

Le second défaut de ceux qui ont l'imagination forte et

vigoureuse est donc d'être visionnaires d'imagination, ou simplement visionnaires : car on appelle du terme de fou ceux qui sont visionnaires des sens. Voici donc les mauvaises qualités des esprits visionnaires.

Ces esprits sont excessifs en toutes rencontres; ils relèvent les choses basses, ils agrandissent les petites, ils approchent les éloignées. Rien ne paraît tel qu'il est. Ils admirent tout, ils se récrient sur tout sans jugement, et sans discernement. S'ils sont disposés à la crainte par leur complexion naturelle, je veux dire, si, les fibres de leur cerveau étant extrêmement délicates, leurs esprits animaux sont en petite quantité, sans force et sans agitation, de sorte qu'ils ne puissent communiquer au reste du corps les mouvements nécessaires; ils s'e..ayent à la moindre chose, et ils tremblent à la chute d'une feuille. Mais s'ils ont abondance d'esprit et de sang, ce qui est plus ordinaire, ils se repaissent de vaines espérances, et, s'abandonnant à leur imagination féconde en idées, ils bâtissent, comme l'on dit, des châteaux en Espagne avec beaucoup de satisfaction et de joie. Ils sont véhéments dans leurs passions, entêtés dans leurs opinions, toujours pleins et très satisfaits d'eux-mêmes. Quand ils se mettent dans la tête de passer pour beaux esprits et qu'ils s'érigent en auteurs, car il y a des auteurs de toutes espèces, visionnaires et autres, que d'extravagances! que d'emportements! que de mouvements irréguliers! Ils n'imitent jamais la nature; tout est affecté, tout est forcé, tout est guindé. Ils ne vont que par bonds, ils ne marchent qu'en cadence; ce ne sont que figures et qu'hyperboles[1]. Lorsqu'ils se veulent mettre dans la piété et s'y conduire par leur fantaisie, ils entrent entièrement dans l'esprit juif et pharisien. Ils s'arrêtent d'ordinaire à l'écorce, à des cérémonies extérieures et à de petites pratiques, ils s'en occupent tout entiers. Ils deviennent scrupuleux, timides, superstitieux. Tout est de foi, tout est essentiel chez eux, hormis ce qui est véritablement de foi et ce qui est essentiel : car assez souvent ils négligent ce

---

[1] Quelle peinture juste et vive dans sa brièveté!

qu'il y a de plus important dans l'Évangile, la justice, la miséricorde et la foi, leur esprit étant occupé par des devoirs moins essentiels. Mais il y aurait trop de choses à dire. Il suffit, pour se persuader de leurs défauts et pour en remarquer plusieurs autres, de faire quelque réflexion sur ce qui se passe dans les conversations ordinaires[1].

Les personnes d'une imagination forte et vigoureuse ont encore d'autres qualités qu'il est très nécessaire de bien expliquer. Nous n'avons parlé jusqu'à présent que de leurs défauts : il est très juste maintenant de parler de leurs avantages. Ils en ont un entre autres qui regarde principalement ce sujet, parce que c'est par cet avantage qu'ils dominent sur les esprits ordinaires, qu'ils les font entrer dans leurs idées, et qu'ils leur communiquent toutes les fausses impressions dont ils sont touchés.

VI. Cet avantage consiste dans une facilité de s'exprimer d'une manière forte et vive, quoiqu'elle ne soit pas naturelle. Ceux qui imaginent fortement les choses, les expriment avec beaucoup de force et persuadent tous ceux qui se convainquent plutôt par l'air et par l'impression sensible, que par la force des raisons. Car le cerveau de ceux qui ont l'imagination forte recevant, comme l'on a dit, des traces profondes des sujets qu'ils imaginent, ces traces sont naturellement suivies d'une grande émotion d'esprits, qui dispose d'une manière prompte et vive tout leur corps pour exprimer leurs pensées. Ainsi l'air de leur visage, le ton de leur voix et le tour de leurs paroles animant leurs expressions, préparent ceux qui les écoutent et qui les re-

---

[1] Les moralistes du xviiⁱ siècle ont fréquemment attaqué cette dévotion toute superficielle, à qui manque le sens du véritable esprit chrétien. « Ainsi, dit Massillon, souvent on est de toutes les bonnes œuvres, et l'on manque à celles que Dieu demande de nous; aux fonctions d'une charge, aux obligations principales de son état, à ces devoirs obscurs et domestiques où rien ne dédommage l'amour-propre, et où l'on n'est animé à remplir le devoir que par l'amour du devoir même. » (*Du véritable culte*, IIⁱ partie.) Toutes ces critiques sont fondées; mais, en les faisant, il y a un excès à éviter, dont le xviiⁱ siècle, trop dédaigneux des choses extérieures avec Descartes et Malebranche, n'a pas su toujours se garder.

gardent à se rendre attentifs et à recevoir machinalement l'impression de l'image qui les agite. Car enfin un homme qui est pénétré de ce qu'il dit en pénètre ordinairement les autres, un passionné émeut toujours ; et quoique sa rhétorique soit souvent irrégulière, elle ne laisse pas d'être très persuasive, parce que l'air et la manière se font sentir et agissent ainsi dans l'imagination des hommes plus vivement que les discours les plus forts, qui sont prononcés de sang-froid : à cause que ces discours ne flattent point leurs sens et ne frappent point leur imagination.

Les personnes d'imagination ont donc l'avantage de plaire, de toucher et de persuader, à cause qu'ils forment des images très vives et très sensibles de leurs pensées. Mais il y a encore d'autres causes qui contribuent à cette facilité qu'ils ont de gagner l'esprit. Car ils ne parlent d'ordinaire que sur des sujets faciles, et qui sont de la portée des esprits du commun. Ils ne se servent que d'expressions et de termes qui ne réveillent que les notions confuses des sens, lesquelles sont toujours très fortes et très touchantes ; ils ne traitent des matières grandes et difficiles que d'une manière vague et par lieux communs, sans se hasarder [1] d'entrer dans le détail, et sans s'attacher aux principes ; soit parce qu'ils n'entendent pas ces matières ; soit parce qu'ils appréhendent de manquer de termes, de s'embarrasser et de fatiguer l'esprit de ceux qui ne sont pas capables d'une forte attention.

Il est maintenant facile de juger, par les choses que nous venons de dire, que les dérèglements d'imagination sont extrêmement contagieux, et qu'ils se glissent et se répandent dans la plupart des esprits avec beaucoup de facilité. Mais ceux qui ont l'imagination forte, étant d'ordinaire ennemis de la raison et du bon sens, à cause de la petitesse de leur esprit et des visions auxquelles ils sont sujets, on peut aussi reconnaître qu'il y a très peu de causes plus générales de nos erreurs que la communication contagieuse

---

[1] « ... Quo ceux qui se hasardaient d'y en faire passer (des chevaux)... » (VAUGELAS, Quinte-Curce, l. X, r.)

des dérèglements et des maladies de l'imagination. Mais il faut encore prouver ces vérités par des exemples et des expériences connues de tout le monde.

CHAPITRE II

Exemples généraux de la force de l'imagination.

Il se trouve des exemples fort ordinaires de cette communication d'imagination dans les enfants à l'égard de leurs pères, et encore plus dans les filles à l'égard de leurs mères; dans les serviteurs à l'égard de leurs maîtres, et dans les servantes à l'égard de leurs maîtresses; dans les écoliers à l'égard de leurs précepteurs, dans les courtisans à l'égard des rois, et généralement dans tous les inférieurs à l'égard de leurs supérieurs, pourvu toutefois que les pères, les maîtres et les autres supérieurs aient quelque force d'imagination; car sans cela il pourrait arriver que des enfants et des serviteurs ne recevraient aucune impression considérable de l'imagination faible de leurs pères ou de leurs maîtres.

Il se trouve encore des effets de cette communication dans les personnes d'une condition égale; mais cela n'est pas si ordinaire, à cause qu'il ne se rencontre pas entre elles un certain respect qui dispose les esprits à recevoir sans examen les impressions des imaginations fortes. Enfin il se trouve de ces effets dans les supérieurs à l'égard même de leurs inférieurs, et ceux-ci ont quelquefois une imagination si vive et si dominante, qu'ils tournent l'esprit de leurs maîtres et de leurs supérieurs comme il leur plaît.

Il ne sera pas malaisé de comprendre comment les pères et les mères font des impressions très fortes sur l'imagination de leurs enfants, si l'on considère que ces dispositions naturelles de notre cerveau, qui nous portent à imiter ceux avec qui nous vivons et à entrer dans leurs sentiments et dans leurs passions, sont encore bien plus fortes dans les enfants à l'égard de leurs parents que dans tous les autres hommes. L'on en peut donner plusieurs raisons. La première, c'est qu'ils sont de même sang. Car de même que les parents transmettent très souvent dans leurs enfants des dispositions à certaines maladies héréditaires, telles que la goutte, la pierre, la folie, et généralement toutes celles qui ne leur sont point survenues par accident, ou qui n'ont point pour cause seule et unique quelque fermentation extraordinaire des humeurs, comme les fièvres et quelques autres : car il est visible que celles-ci ne se peuvent communiquer. Ainsi ils impriment les dispositions de leur cerveau dans celui de leurs enfants, et ils donnent à leur imagination un certain tour qui les rend tout à fait susceptibles des mêmes sentiments.

La seconde raison, c'est que d'ordinaire les enfants n'ont que très peu de commerce avec le reste des hommes, qui pourraient quelquefois tracer d'autres vestiges dans leur cerveau, et rompre en quelque façon l'effort continuel de l'impression paternelle. Car de même qu'un homme qui n'est jamais sorti de son pays s'imagine ordinairement que les mœurs et les coutumes des étrangers sont tout à fait contraires à la raison, parce qu'elles sont contraires à la coutume de sa ville, au torrent de laquelle il se laisse emporter : ainsi un enfant, qui n'est jamais sorti de la maison paternelle, s'imagine que les sentiments et les manières de ses parents sont la raison universelle ; ou plutôt il ne pense pas qu'il puisse y avoir quelques autres principes de raison ou de vertu que leur imitation. Il croit donc tout ce qu'il leur entend dire, et il fait tout ce qu'il leur voit faire.

Mais cette impression des parents est si forte, qu'elle n'agit pas seulement sur l'imagination des enfants, elle agit même sur les autres parties de leur corps. Un jeune garçon marche, parle et fait les mêmes gestes que son père. Une fille de même s'habille comme sa mère, marche

comme elle, parle comme elle; si sa mère grasseye, la
fille grasseye; si la mère a quelque tour de tête irrégulier,
la fille le prend. Enfin les enfants imitent les parents en
toutes choses, jusque dans leurs défauts et dans leurs
grimaces, aussi bien que dans leurs erreurs et dans leurs
vices.

Il y a encore plusieurs autres causes qui augmentent l'effet de cette impression. Les principales sont l'autorité des
parents, la dépendance des enfants, et l'amour mutuel des
uns et des autres; mais ces causes sont communes aux
courtisans, aux serviteurs, et généralement à tous les inférieurs aussi bien qu'aux enfants. Nous les allons expliquer
par l'exemple des gens de cour.

Il y a des hommes qui jugent de ce qui ne paraît point
par ce qui paraît : de la grandeur, de la force et de la capacité de l'esprit qui leur sont cachées, par la noblesse,
les dignités et les richesses qui leur sont connues. On mesure souvent l'un par l'autre : et la dépendance où l'on est
des grands, le désir de participer à leur grandeur et l'é-
clat sensible qui les environne, portent souvent les hommes
à rendre à des hommes des honneurs divins, s'il m'est
permis de parler ainsi. Car si Dieu donne aux princes l'autorité, les hommes leur donnent l'infaillibilité, mais une
infaillibilité qui n'est point limitée dans quelques sujets
ni dans quelques rencontres, et qui n'est point attachée
à quelques cérémonies. Les grands savent naturellement
toutes choses; ils ont toujours raison, quoiqu'ils décident
des questions desquelles ils n'ont aucune connaissance.
C'est ne savoir pas vivre que d'examiner ce qu'ils avancent;
c'est perdre le respect que d'en douter : c'est se révolter,
ou pour le moins c'est se déclarer sot, extravagant et ridicule que de les condamner.

Mais lorsque les grands nous font l'honneur de nous
aimer, ce n'est plus alors simplement opiniâtreté, entêtement, rébellion, c'est encore ingratitude et perfidie que de
ne se rendre pas aveuglément à toutes leurs opinions : c'est
une faute irréparable qui nous rend pour toujours indignes
de leurs bonnes grâces. Ce qui fait que les gens de cour,

et par une suite nécessaire presque tous les peuples s'engagent sans délibérer dans tous les sentiments de leur souverain, jusque-là même que dans les vérités de la religion, ils se rendent très souvent à leur fantaisie et à leur caprice.

L'Angleterre [1] et l'Allemagne ne nous fournissent que trop d'exemples de ces soumissions déréglées des peuples aux volontés impies de leurs princes. Les histoires de ces derniers temps en sont toutes remplies; et l'on a vu quelquefois des personnes avancées en âge avoir changé quatre ou cinq fois de religion à cause des divers changements de leurs princes.[2]

Les rois et même les reines ont dans l'Angleterre [3] « le gouvernement de tous les états de leurs royaumes, soit ecclésiastiques ou civils en toutes causes ».

Ce sont eux qui approuvent les liturgies, les offices, les fêtes, et la manière dont on doit administrer et recevoir les sacrements. Ils ordonnent, par exemple, que l'on n'adore point Jésus-Christ lorsque l'on communie, quoiqu'ils obligent encore de le recevoir à genoux selon l'ancienne coutume. En un mot, ils changent toutes choses dans leurs liturgies pour la conformer aux nouveaux articles de leur foi, et ils ont aussi le droit de juger de ces articles avec leur parlement, comme le pape avec le concile [4], ainsi que l'on peut voir dans les statuts d'Angleterre et d'Irlande

---

[1] « ... Quand on considère de plus près l'histoire de ce grand royaume et particulièrement les derniers règnes..., on est obligé de reprocher à ces peuples d'avoir été trop soumis, puisqu'ils ont mis sous le joug leur foi même et leur conscience. » (Bossuet, Or. fun. de la reine d'Angleterre.)

[2] « Dans le congrès qui prépara la paix de Westphalie, Wolgang de Gemmingen, député de la noblesse de l'empire, fit savoir que la ville d'Openheim, dans le Palatinat, avait déjà changé dix fois de religion depuis la réforme. » (Döllinger, l'Église et les églises, ch. ii.)

[3] Art. 37 de la religion de l'Église anglicane. (Note de Malebranche.)

[4] Le pape avec le concile, qui alors rend des jugements, décrète des lois, et ne fait avec le souverain pontife qu'un seul tribunal et qu'une même autorité; ou le pape sans le concile, car il a dans l'Église la plénitude de la suprême puissance, et, lorsqu'il définit un point dogmatique ou moral qui doit être tenu par l'Église universelle, la prérogative de l'infaillibilité.

faits au commencement du règne de la reine Élisabeth.
Enfin on peut dire que les rois d'Angleterre ont même
plus de pouvoir sur le spirituel que sur le temporel de
leurs sujets, parce que ces misérables peuples et ces enfants de la terre se souciant bien moins de la conservation
de la foi que de la conservation de leurs biens, ils entrent
facilement dans tous les sentiments de leurs princes,
pourvu que leur intérêt temporel n'y soit point contraire.

Les révolutions qui sont arrivées dans la religion en
Suède et en Danemark [1] nous pourraient encore servir de
preuve de la force que quelques esprits ont sur les autres ;
mais toutes ces révolutions ont encore eu plusieurs autres
causes très considérables. Ces changements surprenants
sont bien des preuves de la communication contagieuse de
l'imagination, mais des preuves trop grandes et trop
vastes. Elles étonnent et elles éblouissent plutôt les esprits
qu'elles ne les éclairent, parce qu'il y a trop de causes qui
concourent à la production de ces grands événements.

Si les courtisans et tous les autres hommes abandonnent
souvent des vérités certaines, des vérités essentielles, des
vérités qu'il est nécessaire de soutenir, ou de se perdre
pour une éternité ; il est visible qu'ils ne se hasarderont pas
de défendre les vérités abstraites, peu certaines et peu
utiles. Si la religion du prince fait la religion de ses sujets,
la raison du prince fera aussi la raison de ses sujets. Et
ainsi les sentiments du prince seront toujours à la mode ;
ses plaisirs, ses passions, ses yeux, ses paroles, ses habits, et
généralement toutes ses actions seront à la mode ; car le
prince est lui-même comme la mode essentielle, et il ne

---

[1] En Suède, Gustave Vasa rompit
définitivement avec l'Église catholique aux diètes de Vesteraes (1527
et 1544). Toutes les résistances, en
particulier celles des Dalécarliens,
qui avaient mis Gustave sur le
trône, furent atrocement réprimées.
Le Danemark fut livré au luthéranisme par Christian II, Frédéric Ier et Christian III. La diète de
Copenhague (1546) abolit tous les
droits de l'Église catholique. Le
clergé fut dépouillé ; la peine de
mort fut prononcée contre les prê-
tres fidèles et ceux qui leur donne-
raient asile ; des incapacités légales
de toute sorte frappèrent les catholiques. Les mêmes moyens intro-
duisirent le luthéranisme en Nor-
vège et en Islande.

se rencontre presque jamais qu'il fasse quelque chose qui ne devienne pas à la mode. Et comme toutes les irrégularités de la mode ne sont que des agréments et des beautés, il ne faut pas s'étonner si les princes agissent si fortement sur l'imagination des autres hommes.

Si Alexandre penche la tête, ses courtisans penchent la tête. Si Denis le Tyran[1] s'applique à la géométrie à l'arrivée de Platon dans Syracuse, la géométrie devient aussitôt à la mode, « et le palais de ce roi, dit Plutarque, se remplit incontinent de poussière par le grand nombre de ceux qui tracent des figures. » Mais dès que Platon se met en colère contre lui, que ce prince se dégoûte de l'étude et s'abandonne de nouveau à ses plaisirs, ses courtisans en font aussitôt de même. «Il semble, continue cet auteur[2], qu'ils soient enchantés, et qu'une Circé les transforme en d'autres hommes. » Ils passent de l'inclination pour la philosophie à l'inclination pour la débauche, et de l'horreur de la débauche à l'horreur de la philosophie. C'est ainsi que les princes peuvent changer les vices en vertus et les vertus en vices, et qu'une seule de leurs paroles est capable d'en changer toutes les idées. Il ne faut d'eux qu'un mot, qu'un geste, qu'un mouvement des yeux ou des lèvres pour faire passer la science et l'érudition pour une basse pédanterie; la témérité, la brutalité, la cruauté pour grandeur de courage; et l'impiété et le libertinage pour force et pour liberté d'esprit[3].

Mais cela, aussi bien que tout ce que je viens de dire,

---

[1] Denys le Jeune, fils de Denys l'Ancien, tyran de Syracuse; cruel et débauché, malgré Platon, que Dion, son oncle, avait appelé auprès de lui. Il fut renversé deux fois (317 et 343 av. J.-C.), et mourut maître d'école à Corinthe.

[2] *Œuvres morales.* Comment on peut distinguer le flatteur de l'ami. (*Note de Malebranche.*)

[3] La Bruyère a peint les courtisans, comme l'a fait Malebranche, d'un trait plus vif et plus acéré encore: il les avait vus de plus près. C'est la Bruyère qui, après avoir montré les courtisans dans la chapelle royale, « les faces élevées vers leur roi, que l'on voit à genoux sur une tribune, et à qui ils semblent avoir tout l'esprit et tout le cœur appliqués, » ajoute avec une ironie mordante: « On ne laisse pas de voir dans cet usage une espèce de subordination; car ce peuple paraît adorer le prince, et le prince adorer Dieu. » (*De la cour.*)

suppose que ces princes aient l'imagination forte et vive :
car s'ils avaient l'imagination faible et languissante, ils ne
pourraient pas animer leurs discours, ni leur donner ce
tour et cette force qui soumet et qui abat invinciblement
les esprits faibles.

Si la force de l'imagination toute seule et sans aucun
secours de la raison peut produire des effets si surprenants, il n'y a rien de si bizarre ni de si extravagant qu'elle
ne persuade, lorsqu'elle est soutenue par quelques raisons
apparentes. En voici des preuves.

Un ancien auteur [1] rapporte qu'en Éthiopie les gens de
cour se rendaient boiteux et difformes, qu'ils se coupaient
quelques membres, et qu'ils se donnaient même la mort
pour se rendre semblables à leurs princes. On avait honte
de paraître avec des yeux, et de marcher droit à la suite
d'un roi borgne et boiteux ; de même qu'on n'oserait à présent paraître à la cour avec la fraise [2] et la toque, ou avec
des bottines blanches et des éperons dorés. Cette mode
des Éthiopiens était fort bizarre et fort incommode ; mais
cependant c'était la mode. On la suivait avec joie, et on ne
songeait pas tant à la peine qu'il fallait souffrir, qu'à
l'honneur qu'on se faisait de paraître plein de générosité et
d'affection pour son roi. Enfin cette fausse raison d'amitié,
soutenant l'extravagance de la mode, l'a fait passer en
coutume et en loi, qui a été observée fort longtemps.

Les relations de ceux qui ont voyagé dans le Levant nous
apprennent que cette coutume se garde dans plusieurs
pays, et encore quelques autres aussi contraires au bon
sens et à la raison. Mais il n'est pas nécessaire de passer
deux fois la ligne pour voir observer religieusement des
lois et des coutumes déraisonnables, ou pour trouver des
gens qui suivent des modes incommodes et bizarres ; il ne
faut pas sortir de la France pour cela. Partout où il y a des
hommes sensibles aux passions et où l'imagination est

---

[1] Diodore de Sicile, *Bibl. hist.*, I.
(*Note de Malebranche.*)

[2] *Fraise*, « sorte de collet double et à godrons (plis ronds) qu'on portait au XVIᵉ siècle et au commencement du XVIIᵉ. » (LITTRÉ.)

maîtresse de la raison, il y a de la bizarrerie et une bizarrerie incompréhensible.

En vérité, je ne sais si les Français ont tout à fait droit de se moquer des Éthiopiens et des sauvages. Il est vrai que si on voyait pour la première fois un roi borgne et boiteux n'avoir à sa suite que des boiteux et des borgnes, on aurait peine à s'empêcher de rire. Mais avec le temps on n'en rirait plus; et l'on admirerait peut-être davantage la grandeur de leur courage et de leur amitié, qu'on ne se raillerait de la faiblesse de leur esprit. Il n'en est pas de même des modes de France. Leur bizarrerie n'est point soutenue de quelque raison apparente, et si elles ont l'avantage de n'être pas si fâcheuses, elles n'ont pas toujours celui d'être aussi raisonnables. En un mot, elles portent le caractère d'un siècle encore plus corrompu, dans lequel rien n'est assez puissant pour modérer le dérèglement de l'imagination.

Ce qu'on vient de dire des gens de cour se doit aussi entendre de la plus grande partie des serviteurs à l'égard de leurs maîtres, des servantes à l'égard de leurs maîtresses; et pour ne pas faire un dénombrement assez inutile, cela se doit entendre de tous les inférieurs à l'égard de leurs supérieurs, mais principalement des enfants à l'égard de leurs parents, parce que les enfants sont dans une dépendance toute particulière de leurs parents; que leurs parents ont pour eux une amitié et une tendresse qui ne se rencontre pas dans les autres; et enfin parce que la raison porte les enfants à des soumissions et à des respects que la même raison ne règle pas toujours.

Il n'est pas absolument nécessaire, pour agir dans l'imagination des autres, d'avoir quelque autorité sur eux, et qu'ils dépendent de nous en quelque manière : la seule force d'imagination suffit quelquefois pour cela. Il arrive souvent que des inconnus qui n'ont aucune réputation, et pour lesquels nous ne sommes prévenus d'aucune estime, ont une telle force d'imagination, et par conséquent des expressions si vives et si touchantes, qu'ils nous persuadent sans que nous sachions ni pourquoi ni même de quoi nous sommes persuadés. Il est vrai que cela semble fort extraordinaire, mais cependant il n'y a rien de plus commun.

Or cette persuasion imaginaire ne peut venir que de la force d'un esprit visionnaire, qui parle vivement sans savoir ce qu'il dit, et qui tourne ainsi les esprits de ceux qui l'écoutent à croire fortement sans savoir ce qu'ils croient. Car la plupart des hommes se laissent aller à l'effort de l'impression sensible qui les étourdit et les éblouit, et qui les pousse à juger par passion de ce qu'ils ne conçoivent que fort confusément. On prie ceux qui liront cet ouvrage de penser à ceci, d'en remarquer des exemples, dans les conversations où ils se trouveront, et de faire quelque réflexion sur ce qui se passe dans leur esprit en ces occasions. Cela leur sera beaucoup plus utile qu'ils ne peuvent se l'imaginer.

Mais il faut bien considérer qu'il y a deux choses qui contribuent merveilleusement à la force de l'imagination des autres sur nous. La première est un air de piété et de gravité : l'autre est un air de libertinage et de fierté. Car selon notre disposition à la piété ou au libertinage, les personnes qui parlent d'un air grave et pieux, ou d'un air fier et libertin, agissent fort diversement sur nous.

Il est vrai que les uns sont bien plus dangereux que les autres : mais il ne faut jamais se laisser persuader par les manières ni des uns ni des autres, mais seulement par la force de leurs raisons. On peut dire gravement et modestement des sottises, et d'une manière dévote des impiétés et des blasphèmes. Il faut donc examiner si les esprits sont de Dieu selon le conseil de saint Jean[1], et ne pas se fier à toutes sortes d'esprits. Les démons se transforment quelquefois en anges de lumière; et l'on trouve des personnes à qui l'air de piété est comme naturel, et par conséquent dont la réputation est d'ordinaire fortement établie, qui dispensent les hommes de leurs obligations essentielles, et même de celle d'aimer Dieu et le prochain,

---

[1] I Ép., ch. IV. (*N. de M.*)

pour les rendre esclaves de quelque pratique et de quelque cérémonie pharisienne [1] :

Mais les imaginations fortes, desquelles il faut éviter avec soin l'impression et la contagion, sont certains esprits par le monde, qui affectent la qualité d'esprits forts; ce qui ne leur est pas difficile d'acquérir. Car il n'y a maintenant qu'à nier d'un certain air le péché originel, l'immortalité de l'âme, ou se railler de quelque sentiment reçu dans l'Église, pour acquérir la rare qualité d'esprit fort parmi le commun des hommes.

Ces petits esprits ont d'ordinaire beaucoup de feu et un certain air libre et fier qui domine et qui dispose les imaginations faibles à se rendre à des paroles vives et spécieuses, mais qui ne signifient rien à des esprits attentifs. Ils sont tout à fait heureux en expressions, quoique très malheureux en raisons. Mais parce que les hommes, tout raisonnables qu'ils sont, aiment beaucoup mieux se laisser toucher par le plaisir sensible de l'air et des expressions que de se fatiguer dans l'examen des raisons, il est visible que ces esprits doivent l'emporter sur les autres, et communiquer ainsi leurs erreurs et leur malignité par la puissance qu'ils ont sur l'imagination des autres hommes.

---

[1] Les casuistes qui dispenseraient « les hommes de leurs obligations essentielles, et même de celle d'aimer Dieu et le prochain », renverseraient le premier et le plus grand des commandements divins, et encourraient les anathèmes de l'Église. (Voir la première des propositions condamnées par Alexandre VII en septembre 1665; la cinquième et la onzième propositions condamnées par Innocent XI en mars 1679.) Mais il ne faudrait pas confondre, comme on l'a fait trop souvent au xviiᵉ siècle, avec une si capitale erreur, l'opinion très autorisée d'après laquelle *l'amour commencé*, nécessaire et suffisant pour *l'attrition*, peut consister dans la crainte et dans l'espérance surnaturelles. « Ex hoc quod per aliquem speramus nobis posse provenire bona, » dit saint Thomas, « movemur in ipsum sicut in bonum nostrum, et sic incipimus eum amare. » (*Sum. th.*, p. 1ᵃ 2ᵃᵉ, q. xl, a. 7.)

CHAPITRE III

I. De la force de l'imagination de certains auteurs. —
II. De Tertullien.

I. Une des plus grandes et des plus remarquables preuves
de la puissance que les imaginations ont les unes sur les
autres, c'est le pouvoir qu'ont certains auteurs de persuader sans aucunes [1] raisons. Par exemple, le tour des paroles
de Tertullien, de Sénèque, de Montaigne, et de quelques
autres, a tant de charmes et tant d'éclat, qu'il éblouit l'esprit de la plupart des gens, quoique ce ne soit qu'une
faible peinture et comme l'ombre de l'imagination de ces
auteurs. Leurs paroles, toutes mortes qu'elles sont, ont plus
de vigueur que la raison de certaines gens. Elles entrent,
elles pénètrent, elles dominent dans l'âme d'une manière
si impérieuse, qu'elles se font obéir sans se faire entendre,
et qu'on se rend à leurs ordres sans les savoir. On veut
croire, mais on ne sait que croire : car lorsqu'on veut
savoir précisément ce qu'on croit ou ce qu'on veut croire,
et qu'on s'approche, pour ainsi dire, de ces fantômes pour
les reconnaître, ils s'en vont souvent en fumée avec tout
leur appareil et tout leur éclat.

Quoique les livres des auteurs que je viens de nommer
soient très propres pour faire remarquer la puissance que
les imaginations ont les unes sur les autres, et que je les

---

[1] « Quelques personnes doutent si *aucun*, *aucune*, avec la négation, peuvent être employés au pluriel. Il est plus ordinaire de mettre le singulier; mais comme rien n'empêche de nier la pluralité aussi bien qu'on nie l'unité, rien non plus ne peut faire condamner les phrases où *aucun* est au pluriel... Les meilleurs auteurs, en prose comme en vers, se sont servis d'*aucun* au pluriel. » (LITTRÉ.)

propose pour exemple, je ne prétends pas toutefois les condamner en toutes choses. Je ne puis pas m'empêcher d'avoir de l'estime pour certaines beautés qui s'y rencontrent, et de la déférence pour l'approbation universelle qu'ils ont eue pendant plusieurs siècles. Je proteste enfin que j'ai beaucoup de respect pour quelques ouvrages de Tertullien [1], principalement pour son *Apologie contre les Gentils*, et pour son livre des *Prescriptions contre les hérétiques*, et pour quelques endroits des livres de Sénèque, quoique je n'aie pas beaucoup d'estime pour tout le livre de Montaigne.

II. Tertullien était à la vérité un homme d'une profonde érudition; mais il avait plus de mémoire que de jugement, plus de pénétration et plus d'étendue d'imagination que de pénétration et d'étendue d'esprit. On ne peut douter enfin, qu'il ne fût visionnaire dans le sens que j'ai expliqué auparavant, et qu'il n'eût presque toutes les qualités que j'ai attribuées aux esprits visionnaires. Le respect qu'il eut pour les visions de Montanus et pour ses Prophétesses [2] est

---

[1] Tertullien (Quintus Septimius Florens), né à Carthage vers 160, mort vers 240; d'abord païen (*hæc et nos risimus aliquando; de vestris fuimus*, disait-il dans son *Apologétique* à ses anciens coreligionnaires); converti à l'âge de trente ou de trente-six ans, et devenu l'éloquent apologiste de la vérité chrétienne. Il ne persévéra pas dans l'orthodoxie et passa à la secte de Montan, dont le rigorisme doctrinal et pratique et l'illuminisme effréné ne répondaient que trop au tour de son génie sombre et ardent. Malebranche traite ici Tertullien avec une sévérité qu'il s'est attaché à justifier dans son IX° *Éclaircissement sur la Recherche de la vérité*. Malebranche n'a montré Tertullien que sous un seul aspect. Bossuet nomme l'apologiste africain « le plus figuré, pour ne pas dire le plus outré de tous les auteurs »; mais il ajoute :

« Il faut avoir perdu le goût de la vérité pour ne pas sentir dans la plus grande partie de ses ouvrages, au milieu de tous ses défauts, une force de raisonnement qui nous enlève : et sans sa triste sévérité, qui à la fin lui fit préférer les rêveries du faux prophète Montan à l'Église catholique, le christianisme n'aurait guère de lumière plus éclatante. » (VI° *Avertissement aux protestants*, p. I, art. XI, n. XCII, XCV.)

[2] Montan, hérésiarque du second siècle, né en Mysie, sur la frontière de la Phrygie, prétendit compléter le christianisme par de nouvelles révélations. Il annonçait la fin prochaine du monde et le futur règne du Christ avec les justes ressuscités sur la terre transfigurée. Comme préparation à cette fin prochaine, il exigeait une vie plus sévère que celle imposée à tous par l'Évangile et par la discipline de l'Église; de

une preuve incontestable de la faiblesse de son jugement.
Ce feu, ces emportements, ces enthousiasmes sur de petits
sujets, marquent sensiblement le dérèglement de son imagination. Combien de mouvements irréguliers dans ses
hyperboles et dans ses figures! Combien de raisons pompeuses et magnifiques, qui ne prouvent que par leur éclat
sensible, et qui ne persuadent qu'en éblouissant l'esprit [1]!

A quoi sert, par exemple, à cet auteur qui veut se justifier d'avoir pris le manteau de philosophe, au lieu de la
robe ordinaire, de dire que ce manteau avait autrefois été
en usage dans la ville de Carthage? Est-il permis présentement de prendre la toque et la fraise, à cause que nos
pères s'en sont servis? Et les femmes peuvent-elles porter
des vertugadins et des chaperons, si ce n'est au carnaval,
lorsqu'elles veulent se déguiser en masque?

Que peut-il conclure de ces descriptions pompeuses et
magnifiques des changements qui arrivent dans le monde,
et que peuvent-elles contribuer à sa justification? La lune
est différente dans ses phases, l'année dans ses saisons, les
campagnes changent de face l'hiver et l'été. Il arrive des
débordements d'eaux qui noient des provinces entières, et
des tremblements de terre qui les engloutissent. On a bâti
de nouvelles villes, on a établi de nouvelles colonies, on a
vu des inondations de peuples qui ont ravagé des pays entiers; enfin toute la nature est sujette au changement.
Donc il a eu raison de quitter la robe pour prendre le man-

---

là, de nouveaux jeûnes et des absti-
nences extraordinaires; l'interdic-
tion des secondes noces et de la
fuite en temps de persécution; le
refus de l'absolution à certains pécheurs. A en croire les montanistes,
la puissance et le droit de promul-
guer les volontés divines leur étaient
conférés par l'Esprit de Dieu, le
Paraclet, qui les jetait dans l'extase
et parlait par leur bouche. Deux
femmes, Maximille et Prisca ou
Priscille, embrassèrent le monta-
nisme avec une passion ardente, et
se mirent à prophétiser.

[1] « C'est dans le caractère du
prêtre de Carthage plutôt que dans
les défauts de son intelligence qu'il
faut chercher la source de ses erreurs. En voulant tout réduire à un
manque d'équilibre entre l'imagination et le jugement, le célèbre oratorien néglige les causes morales qui
ont tant d'influence sur la conduite
des hommes. (Mgr FREPPEL, *Tertullien*, 26ᵉ leçon.)

te.... Quel rapport entre ce qu'il doit prouver, et entre tous ces changements et plusieurs autres qu'il recherche avec grand soin, et qu'il décrit avec des expressions forcées, obscures et guindées[1] ? Le paon se charge à chaque pas qu'il fait, le serpent entrant dans quelque trou étroit sort de sa propre peau, et se renouvelle : donc il a raison de changer d'habit ? Peut-on de sang-froid et de sens rassis tirer de pareilles conclusions, et pourrait-on les voir tirer sans en rire, si cet auteur n'étourdissait et ne troublait l'esprit de ceux qui le lisent ?

Presque tout le reste de ce petit livre *de Pallio* est plein de raisons aussi éloignées de son sujet que celles-ci, lesquelles certainement ne prouvent qu'en étourdissant, lorsqu'on est capable de se laisser étourdir; mais il serait assez inutile de s'y arrêter davantage. Il suffit de dire ici que, si la justesse de l'esprit aussi bien que la clarté et la netteté dans le discours doivent toujours paraître en tout ce qu'on écrit, puisqu'on ne doit écrire que pour faire connaître la vérité[2], il n'est pas possible d'excuser cet auteur, qui, au rapport même de Saumaise[3], le plus grand

---

[1] Chap. ii et iii *de Pallio*. (*Note de M.*) Le traité *de Pallio* a été composé à l'époque où Caracalla et Géta avaient déjà été associés à l'empire par leur père Septime-Sévère, c'est-à-dire vers l'année 208.

[2] Le goût de Malebranche est un goût éminemment classique, sobre en toute chose : n'est-ce point là ou ne devrait-ce point être le goût de la seconde moitié de la vie ? Malebranche appréciait sans doute, — du moins il le faut croire, — les magnificences de Bossuet ; chez ce grand homme, l'image est si merveilleusement adaptée à l'idée, et fait si complètement corps avec elle ! Mais chez nos contemporains les plus vantés, que de pages trop *éclatantes* dans les deux sens du mot l'eussent aveuglé et assourdi !

[3] « Multos etiam vidi postquam bene æstuassent ut eum assequerentur, nihil præter sudorem et inanem animi fatigationem lucratos ab ejus lectione discessisse. Sic qui scotinus haberi viderique dignus, qui hoc cognomentum haberet, voluit, adeo quod voluit a semetipso impetravit, et efficere id quod optabat valuit, ut liquido jurare ausim neminem ad hoc tempus extitisse, qui possit jurare hunc libellum a capite ad calcem usque totum à se non minùs bene intellectum quam lectum. » (*Salm. in epist. ded. Comm. in Tert.*) « J'en ai beaucoup vu qui, après avoir bien sué pour le comprendre, ont abandonné sa lecture, sans y avoir rien gagné que la sueur et une inutile fatigue d'esprit. Ainsi l'auteur, qui a voulu être obscur et en mériter le nom, n'a que trop bien réussi dans son effort; aussi

critique de nos jours, a fait tous ses efforts pour se rendre obscur, et qui a si bien réussi dans son dessein, que ce commentateur était prêt de jurer qu'il n'y avait personne qui l'entendît parfaitement. Mais, quand le génie de la nation, la fantaisie de la mode qui régnait en ce temps-là, et enfin la nature de la satire ou de la raillerie seraient capables de justifier en quelque manière ce beau dessein de se rendre obscur et incompréhensible, tout cela ne pourrait excuser les méchantes raisons et l'égarement d'un auteur qui, dans plusieurs autres de ses ouvrages, aussi bien que dans celui-ci, dit tout ce qui lui vient dans l'esprit, pourvu que ce soit quelque pensée extraordinaire, et qu'il ait quelque expression hardie par laquelle il espère faire parade de la force, ou pour mieux dire, du dérèglement de son imagination.

CHAPITRE IV

De l'imagination de Sénèque.

L'imagination de Sénèque [1] n'est quelquefois pas mieux réglée que celle de Tertullien. Ses mouvements impétueux

---

j'oserais en faire le serment, il ne s'est rencontré jusqu'à présent personne qui puisse jurer avoir non seulement lu mais compris d'un bout à l'autre ce petit livre. » M⁈ Freppel remarque cependant que « les difficultés qu'on éprouve à le comprendre dans les détails tiennent surtout à la nature du sujet. Est-il étonnant, demande-t-il, qu'une dissertation sur le costume des peuples anciens conserve pour nous quelque obscurité, et que le sens des mots techniques employés autrefois puisse nous échapper à une

si longue distance ? » (loc. cit.)

Claude de Saumaise, né à Semur, en Auxois, en 1588, mort en 1653, embrassa le protestantisme; critique laborieux et savant, mais âpre et injurieux.

Et déjà vous croyez, dans vos rimes obscures,
Aux *Saumaises* futurs préparer des tortures,

a dit Boileau. (Sat. IX, *A son esprit.*)

[2] Sénèque (Lucius-Annæus Seneca), né à Cordoue l'an 2 ou 3 après J.-C., mort en 68, victime de Néron, dont il avait été le précep-

l'emportent souvent dans des pays qui lui sont inconnus, où néanmoins il marche avec la même assurance que s'il savait où il est et où il va. Pourvu qu'il fasse de grands pas, des pas figurés et dans une juste cadence, il s'imagine qu'il avance beaucoup ; mais il ressemble à ceux qui dansent, qui finissent toujours où ils ont commencé.

Il faut bien distinguer la force et la beauté des paroles de la force et de l'évidence des raisons. Il y a sans doute beaucoup de force et quelque beauté dans les paroles de Sénèque ; mais il y a très peu de force et d'évidence dans ses raisons. Il donne par la force de son imagination un certain tour à ses paroles qui touche, qui agite et qui persuade par impression ; mais il ne leur donne pas cette netteté et cette lumière pure qui éclaire et qui persuade par évidence. Il convainc, parce qu'il émeut et parce qu'il plaît ; mais je ne crois pas qu'il lui arrive de persuader ceux qui le peuvent lire de sang-froid, qui prennent garde à la surprise, et qui ont coutume de ne se rendre qu'à la clarté et à l'évidence des raisons. En un mot, pourvu qu'il parle et qu'il parle bien, il se met peu en peine de ce qu'il dit, comme si on pouvait bien parler sans savoir ce qu'on dit ; et ainsi il persuade sans que l'on sache souvent ni de quoi ni comment on est persuadé, comme si on devait jamais se laisser persuader de quelque chose sans la concevoir distinctement et sans avoir examiné les preuves qui la démontrent.

---

teur. J. de Maistre a porté sur Sénèque un tout autre jugement que Malebranche. « Je sais par cœur tout ce qu'on a dit contre Sénèque ; mais il y a bien des choses aussi à dire en sa faveur. Prenez garde seulement que le plus grand défaut qu'on reproche à lui ou à son style tourne au profit de ses lecteurs ; sans doute il est trop recherché, trop sententieux ; sans doute il vise trop à ne rien dire comme les autres ; mais avec ses tournures originales, avec ses traits inattendus, il pénètre pro- fondément les esprits... A ne considérer que le fond des choses, il a des morceaux inestimables ; ses épîtres sont un trésor de morale et de bonne philosophie. Il y a telle de ces épîtres que Bourdaloue ou Massillon auraient pu réciter avec quelques légers changements... » (*Soirées de Saint-Pétersbourg,* IXe Entretien.) J. de Maistre a vu surtout dans Sénèque le côté qu'on pourrait presque appeler chrétien ; Malebranche a vu celui qui ne l'est pas.

Qu'y a-t-il de plus pompeux et de plus magnifique que l'idée qu'il nous donne de son Sage; mais qu'y a-t-il au fond de plus vain et de plus imaginaire? Le portrait qu'il fait de Caton est trop beau pour être naturel; ce n'est que du fard et que du plâtre qui ne donne dans la vue que de ceux qui n'étudient et qui ne connaissent point la nature. Caton était un homme sujet à la misère des hommes : il n'était point invulnérable, c'est une idée[1]; ceux qui le frappaient le blessaient. Il n'avait ni la dureté du diamant que le fer ne peut briser, ni la fermeté des rochers que les flots ne peuvent ébranler, comme Sénèque le prétend. En un mot, il n'était point insensible; et le même Sénèque se trouve obligé d'en tomber d'accord, lorsque son imagination s'est un peu refroidie, et qu'il fait davantage de réflexion à ce qu'il dit[2].

Mais quoi donc! n'accordera-t-il pas que son Sage peut devenir misérable, puisqu'il accorde qu'il n'est pas insensible à la douleur? Non, sans doute, la douleur ne touche pas son Sage; la crainte de la douleur ne l'inquiète pas, son Sage est au-dessus de la fortune et de la malice des hommes; ils ne sont pas capables de l'inquiéter.

Il n'y a point de murailles et de tours dans les plus fortes places que les béliers et les autres machines ne fassent trembler et ne renversent avec le temps; mais il n'y a point de machines assez puissantes pour ébranler l'esprit de son Sage. Ne lui comparez pas les murs de Babylone qu'Alexandre a forcés, ni ceux de Carthage et de Numance qu'un même bras a renversés, ni enfin le Capitole et la citadelle qui gardent encore à présent des marques, que les ennemis s'en sont rendus les maîtres. Les flèches que

---

[1] Fantôme.

[2] « Itaque non refert, quam multa in illum tela conjiciantur, cum sit nulli penetrabilis. Quomodo quorumdam lapidum inexpugnabilis ferro duritia est nec secari adamas, aut cœdi vel teri potest, sed incurrentia ultro retundit; quemadmodum projecti in altum scopuli mare frangunt, nec ipsi ulla sævitiæ vestigia tot verberati sæculis ostentant. Ita Sapientis animus solidus est, et id roboris collegit, ut tam tutus sit ab injuria quam illa quæ extuli. » (SEN. *De constantia sapientis*, c. III.)

l'on tire contre le soleil ne montent pas jusqu'à lui. Les sacrilèges que l'on commet, lorsque l'on renverse les temples et qu'on en brise les images, ne nuisent pas à la divinité. Les dieux mêmes peuvent être accablés sous les ruines de leurs temples ; mais son Sage n'en sera pas accablé : ou plutôt s'il en est accablé, il n'est pas possible qu'il en soit blessé [1].

« Mais ne croyez pas, dit Sénèque, que ce Sage que je vous dépeins ne se trouve nulle part. Ce n'est pas une fiction pour élever sottement l'esprit de l'homme. Ce n'est

[1] « Adsum hoc vobis probaturus, sub isto tot civitatum eversore, munimenta incursu arietis labefieri, et turrium altitudinem cuniculis ac latentibus fossis repente residere, et æquaturum editissimas arces aggerem crescere. At nulla machinamenta posse reperiri, quæ benè fundatum animum agitent. »

Et plus bas :

« Non Babylonis muros illi contuleris, quos Alexander intravit : non Carthaginis aut Numantiæ mœnia una manu capta ; non Capitolium arcemve : habent ista hostile vestigium. » C. VI.

« Quid tu putas, cum stolidus ille Rex multitudine telorum diem obscurasset, ullam sagittam in solem incidisse? Ut cœlestia humanas manus effugiunt, et ab his qui templa diruunt, aut simulacra conflant, nihil divinitati nocetur, ità quidquid fit in sapientem, proterve, petulanter, superbe, frustra tentatur. » C. IV.

« Inter fragorem templorum super deos suos cadentium, uni homini pax fuit. » C. V.

« Non est ut dicas, » dit Sénèque, « ita ut soles, hunc Sapientem nostrum nusquam inveniri. Non fingimus istud humani ingenii vanum decus, nec ingentem imaginem rei falsæ concipimus : sed qualem confirmamus, exhibuimus, et exhibebimus. Cœterum hic ipse M. Cato vereor ne supra nostrum exemplar sit. » C. VII.

« Videor mihi intueri animum tuum incensum, et effervescentem : paras acclamare. Hæc sunt, quæ auctoritatem præceptis vestris detrahant.

« Magna promittitis, et quæ ne optari quidem, nedum credi possunt. »

Et plus bas :

« Ita sublato alte supercilio in eadem, quæ cœteri, descenditis mutatis rerum nominibus : tale itaque aliquid et in hoc esse suspicor, quod prima specie pulchrum atque magnificum est, nec injuriam, nec contumeliam accepturum esse Sapientem.»

Et plus bas :

« Ego vero Sapientem non imaginario honore verborum exornare constitui, sed eo loco ponere, quo nulla perveniat injuria.

«Validius debet esse quod lædit, eo quod læditur. Non est autem fortior nequitia virtute. Non potest ergo lædi Sapiens. Injuria in bonos non tentatur nisi a malis, bonis inter se pax est. Quòd si lædi nisi infirmior non potest, malus autem bono infirmior est, nec injuria bonis nisi a dispari verenda est, injuria in sapientem virum non cadit. » C. VII.

pas une grande idée sans réalité et sans vérité ; peut-être même que Caton passe cette idée.

« Mais il me semble, continue-t-il, que je vois que votre esprit s'agite et s'échauffe. Vous voulez dire peut-être que c'est se rendre méprisable que de promettre des choses qu'on ne peut ni croire ni espérer, et que les stoïciens ne font que changer le nom des choses, afin de dire les mêmes vérités d'une manière plus grande et plus magnifique. Mais vous vous trompez : je ne prétends pas élever le Sage par ces paroles magnifiques et spécieuses[1] ; je prétends seulement qu'il est dans un lieu inacessible et dans lequel on ne peut le blesser. »

Voilà jusqu'où l'imagination vigoureuse de Sénèque emporte sa faible raison. Mais se peut-il faire que des hommes qui sentent continuellement leurs misères et leurs faiblesses, puissent tomber dans des sentiments si fiers et si vains? Un homme raisonnable peut-il jamais se persuader que sa douleur ne le touche et ne le blesse? Et Caton, tout sage et tout fort qu'il était, pouvait-il souffrir sans inquiétude, ou au moins sans quelque distraction, je ne dis pas les injures atroces d'un peuple enragé qui le traîne, qui le dépouille et qui le maltraite de coups, mais les piqûres d'une simple mouche? Qu'y a-t-il de plus faible contre des preuves aussi fortes et aussi convaincantes que sont celles de notre propre expérience, que cette belle raison de Sénèque, laquelle est cependant une de ses principales preuves?

« Celui qui blesse, dit-il, doit être plus fort que celui qui est blessé. Le vice n'est pas plus fort que la vertu. Donc le Sage ne peut être blessé. » Car il n'y a qu'à répondre, ou que tous les hommes sont pécheurs, et par conséquent dignes de la misère qu'ils souffrent, ce que la religion nous apprend; ou que si le vice n'est pas plus fort que la vertu, les vicieux peuvent avoir quelquefois plus de force que les gens de bien, comme l'expérience nous le fait connaître.

---

[1] « *Spécieux,* dans le sens latin, qui est le sens propre, qui a une belle apparence. » (LITTRÉ.) « Une âme infructueuse et stérile, laquelle, après avoir poussé d'abord des feuilles *spécieuses...* » (MASSILLON, *Second sermon pour une profession religieuse,* Ire partie.)

Épicure[1] avait raison de dire que les offenses étaient supportables à un homme sage; mais Sénèque a tort de dire que les sages ne peuvent pas même être offensés. La vertu des stoïques[2] ne pouvait pas les rendre invulnérables, puisque la véritable vertu n'empêche pas qu'on ne soit misérable et digne de compassion dans le temps qu'on souffre quelque mal. Saint Paul et les premiers chrétiens avaient plus de vertu que Caton et que les stoïciens. Ils avouaient néanmoins qu'ils étaient misérables par les peines qu'ils enduraient, quoiqu'ils fussent heureux dans l'espérance d'une récompense éternelle. *Si tantum in hac vita sperantes sumus, miserabiliores sumus omnibus hominibus*, dit saint Paul[3].

Comme il n'y a que Dieu qui nous puisse donner par sa grâce une véritable et solide vertu, il n'y a aussi que lui qui nous puisse faire jouir d'un bonheur solide et véritable; mais il ne le promet et ne le donne pas en cette vie. C'est dans l'autre qu'il faut l'espérer de sa justice, comme la récompense des misères qu'on a souffertes pour l'amour de lui. Nous ne sommes pas à présent dans la possession de cette paix et de ce repos que rien ne peut troubler. La grâce même de Jésus-Christ ne nous donne pas une force invincible; elle nous laisse d'ordinaire sentir notre propre faiblesse, pour nous faire connaître qu'il n'y a rien au monde qui ne nous puisse blesser, et pour nous faire souffrir avec une patience humble et modeste toutes les injures que nous recevons, et non pas avec une patience fière et orgueilleuse semblable à la constance du superbe Caton.

Lorsqu'on frappa Caton[4] au visage, il ne se fâcha point; il ne se vengea point; il ne pardonna point aussi, mais il

---

[1] « Epicurus ait injurias tolerabiles esse sapienti, non injurias non esse. » Cap. xv. (*N. de M.*)

[2] *Stoïque* se dit quelquefois pour *stoïcien*, surtout dans la poésie. « Ce que les *stoïques* proposent est difficile et si vain! » (PASCAL, *Pensées.*)

Et les vertus les plus rudes

Du *stoïque* triomphant,
Sont les humbles habitudes
De la femme et de l'enfant.
(LAMARTINE, *Hymne au Christ.*)

[3] I Cor. xv, 19. « Si nous n'avions d'espérance en Jésus-Christ que pour cette vie, nous serions les plus malheureux de tous les hommes. »

[4] Sénèque, ch. xiv du même traité. (*N. de M.*)

nia fièrement qu'on lui eût fait quelque injure. Il voulait
qu'on le crût infiniment au-dessus de ceux qui l'avaient
frappé. Sa patience n'était qu'orgueil et que fierté. Elle
était choquante et injurieuse pour ceux qui l'avaient mal-
traité; et Caton marquait, par cette patience de stoïque,
qu'il regardait ses ennemis comme des bêtes contre lesquelles il était honteux de se mettre en colère. C'est ce
mépris de ses ennemis et cette grande estime de soi-même
que Sénèque appelle grandeur de courage. *Majori animo,*
dit-il, parlant de l'injure qu'on fit à Caton, *non agnovit
quam ignovisset*[1]. Quel excès de confondre la grandeur de
courage avec l'orgueil, et de séparer la patience d'avec
l'humilité pour la joindre avec une fierté insupportable!
Mais que ces excès flattent agréablement la vanité de
l'homme, qui ne veut jamais s'abaisser, et qu'il est dangereux principalement à des chrétiens de s'instruire de la
morale dans un auteur aussi peu judicieux que Sénèque,
mais dont l'imagination est si forte, si vive et si impé-
tueuse, qu'elle éblouit, qu'elle étourdit, et qu'elle entraîne
tous ceux qui ont peu de fermeté d'esprit et beaucoup de
sensibilité pour tout ce qui flatte la concupiscence de l'orgueil!

Que les chrétiens apprennent plutôt de leur Maître que
des impies sont capables de les blesser, et que les gens de
bien sont quelquefois assujettis à ces impies par l'ordre de
la Providence. Lorsqu'un des officiers du grand-prêtre
donna un soufflet à Jésus-Christ, ce Sage des chrétiens
infiniment sage, et même aussi puissant qu'il est sage,
confesse que ce valet a été capable de le blesser[2]. Il ne se
fâche pas, il ne se venge pas comme Caton; mais il par-
donne comme ayant été véritablement offensé. Il pouvait
se venger et perdre ses ennemis; mais il souffre avec une
patience humble et modeste, qui n'est injurieuse à personne, ni même à ce valet qui l'avait offensé. Caton au

---

[1] « Il fut plus grand en niant
l'outrage, qu'il ne l'eût été en le
pardonnant. »

[2] Cette page de Malebranche a

été mainte fois citée; c'est qu'elle a
une haute valeur apologétique. Elle
contient un de ces arguments d'ordre
moral qui, sur les âmes droites et

contraire, ne pouvant ou n'osant tirer de vengeance réelle de l'offense qu'il avait reçue, tâche d'en tirer une imaginaire et qui flatte sa vanité et son orgueil. Il s'élève en esprit jusque dans les nues ; il voit de là les hommes d'ici-bas petits comme des mouches, et il les méprise comme des insectes incapables de l'avoir offensé et indignes de sa colère. Cette vision est une pensée digne du sage Caton. C'est elle qui lui donne cette grandeur d'âme et cette fermeté de courage qui le rend semblable aux dieux. C'est elle qui le rend invulnérable, puisque c'est elle qui le met au-dessus de toute la force et de toute la malignité des autres hommes. Pauvre Caton ! tu t'imagines que ta vertu t'élève au-dessus de toutes choses : ta sagesse n'est que folie et ta grandeur qu'abomination devant Dieu, quoi qu'en pensent les sages du monde [1].

Il y a des visionnaires de plusieurs espèces : les uns s'imaginent qu'ils sont transformés en coqs et en poules ; d'autres croient qu'ils sont devenus rois ou empereurs ; d'autres enfin se persuadent qu'ils sont indépendants et comme des dieux. Mais si les hommes regardent toujours comme des fous ceux qui assurent qu'ils sont devenus coqs ou rois, ils ne pensent pas toujours que ceux qui disent que leur vertu les rend indépendants et égaux à Dieu, soient véritablement visionnaires. La raison en est que, pour être estimé fou, il ne suffit pas d'avoir de folles pensées, il faut outre cela que les autres hommes prennent les pensées que l'on a pour des visions et pour des folies. Car les fous ne passent pas pour ce qu'ils sont parmi les fous qui leur ressemblent, mais seulement parmi les hommes

---

sérieuses, ne manquent pas leur effet.

L'homme n'eût pas trouvé...

. . . .

Dans l'orgueil révolté l'humilité du cœur,
Dans la haine l'amour, le pardon dans l'offense...

. . . .

Notre encens à ce prix ne saurait s'égarer,

Et j'en crois des vertus qui se font adorer.
    (LAMARTINE, *Hymne au Christ.*)

[1] « Sapientia hujus mundi stultitia est apud Deum. (I Cor. III, 19.) Quod hominibus altum est, abominatio est ante Deum. » (Luc. XVI, 15.) « La sagesse du monde est une folie devant Dieu... Ce qui est grand aux yeux des hommes est en abomination devant Dieu. »

raisonnables, de même que les sages ne passent pas pour
ce qu'ils sont parmi des fous. Les hommes reconnaissent
donc pour fous ceux qui s'imaginent être devenus coqs ou
rois, parce que tous les hommes ont raison de ne pas
croire qu'on puisse si facilement devenir coq ou roi. Mais
ce n'est pas d'aujourd'hui que les hommes croient pouvoir
devenir comme des dieux; ils l'ont cru de tout temps, et
peut-être plus qu'ils ne le croient aujourd'hui. La vanité
leur a toujours rendu cette pensée assez vraisemblable. Ils
la tiennent de leurs premiers parents; car sans doute nos
premiers parents étaient dans ce sentiment lorsqu'ils
obéirent au démon qui les tenta par la promesse qu'il leur
fit, qu'ils deviendraient semblables à Dieu : *Eritis sicut
Dii*. Les intelligences même les plus pures et les plus
éclairées ont été si fort aveuglées par leur propre orgueil,
qu'ils [1] ont désiré et peut-être cru pouvoir devenir indépendants, et même formé le dessein de monter sur le trône
de Dieu. Ainsi il ne faut point s'étonner si les hommes,
qui n'ont ni la pureté ni la lumière des anges, s'abandonnent aux mouvements de leur vanité, qui les aveugle et qui
les séduit.

Si la tentation pour la grandeur et l'indépendance est la
plus forte de toutes, c'est qu'elle nous paraît, comme à nos
premiers parents, assez conforme à notre raison aussi bien
qu'à notre inclination, à cause que nous ne sentons pas
toujours toute notre dépendance. Si le serpent eût menacé
nos premiers parents en leur disant : Si vous ne mangez
du fruit dont Dieu vous a défendu de manger, vous serez
transformés, vous en coq et vous en poule, on ne craint
point d'assurer qu'ils se fussent raillés d'une tentation si
grossière; car nous nous en raillerions nous-mêmes. Mais
le démon, jugeant des autres par lui-même, savait bien que
le désir de l'indépendance était le faible par où [2] il les

---

[1] Malebranche accorde ici *intelligences* avec le masculin, comme
ailleurs il a accordé *personnes*.
Intelligences signifie ici *anges*,
comme ailleurs *personnes* signifie

hommes.

[2] *Par où*, par lequel, par lesquels, etc. « Je ne parle pas même
des voies illicites *par où* on les acquiert (les biens de la terre). (MAS-

fallait prendre. Au reste, comme Dieu nous a créés à son image et à sa ressemblance, et que notre bonheur est d'être semblables à Dieu, on peut dire que la magnifique et intéressante promesse du démon est la même que celle que la religion nous propose [1], et qu'elle s'accomplira en nous, non comme le disait le menteur et l'orgueilleux tentateur en désobéissant à Dieu, mais en suivant exactement ses ordres.

La seconde raison qui fait qu'on regarde comme fous ceux qui assurent qu'ils sont devenus coqs ou rois, et qu'on n'a pas la même pensée de ceux qui assurent que personne ne les peut blesser, parce qu'ils sont au-dessus de la douleur, c'est qu'il est visible que les hypocondriaques se trompent, et qu'il ne faut qu'ouvrir les yeux pour avoir des preuves sensibles de leur égarement. Mais lorsque Caton assure que ceux qui l'ont frappé ne l'ont point blessé, et qu'il est au-dessus de toutes les injures qu'on lui peut faire, il l'assure, ou il peut l'assurer avec tant de fierté et de gravité, qu'on ne peut reconnaître s'il est effectivement tel au dedans qu'il paraît être au dehors. On est même porté à croire que son âme n'est point ébranlée, à cause que son corps demeure immobile, parce que l'air extérieur de notre corps est une marque naturelle de ce qui se passe dans le fond de notre âme. Ainsi quand un hardi menteur ment avec beaucoup d'assurance, il fait souvent croire les choses les plus incroyables ; parce que cette assurance avec laquelle il parle est une preuve qui touche les sens, et qui par conséquent est très forte et très persuasive pour la plupart des hommes. Il y a donc peu de personnes qui regardent les stoïciens comme des visionnaires ou comme de hardis menteurs, parce qu'on n'a pas de preuve sensible de ce qui se passe dans le fond de leur cœur, et que l'air de leur visage est une preuve sensible qui impose facilement, outre que la vanité nous porte à croire que l'esprit de l'homme est capable de cette grandeur et de cette indépendance dont ils se vantent.

SILLON, *Second sermon pour une profession religieuse*, IIᵉ partie.)

[1] Iʳᵉ Ep. de S. Jean, ch. III. (*N. de M.*)

Tout cela fait voir qu'il y a peu d'erreurs plus dangereuses, et qui se communiquent aussi facilement que celles
dont les livres de Sénèque sont remplis, parce que ces
erreurs sont délicates, proportionnées à la vanité de
l'homme et semblables à celle dans laquelle le démon
engagea nos premiers parents. Elles sont revêtues dans ces
livres d'ornements pompeux et magnifiques, qui leur ouvrent le passage dans la plupart des esprits. Elles y entrent,
elles s'en emparent, elles les étourdissent et les aveuglent.
Mais elles les aveuglent d'un aveuglement superbe, d'un
aveuglement éblouissant, d'un aveuglement accompagné
de lueurs, et non pas d'un aveuglement humiliant et plein
de ténèbres, qui fait sentir qu'on est aveugle, et qui le
fait reconnaître aux autres. Quand on est frappé de cet
aveuglement d'orgueil, on se met au nombre des beaux
esprits et des esprits forts. Les autres mêmes nous y mettent et nous admirent. Ainsi il n'y a rien de plus contagieux que cet aveuglement, parce que la vanité et la sensibilité des hommes, la corruption de leurs sens et de leurs
passions les dispose à rechercher d'en être frappés et les
excite à en frapper les autres.

Je ne crois donc pas qu'on puisse trouver d'auteur plus
propre que Sénèque pour faire connaître quelle est la contagion d'une infinité de gens, qu'on appelle beaux esprits
et esprits forts, et comment les imaginations fortes et vigoureuses dominent sur les esprits faibles et peu éclairés,
non par la force ni l'évidence des raisons, qui sont des
productions de l'esprit, mais par le tour et la manière vive
de l'expression qui dépend de la force de l'imagination. Je
sais bien que cet auteur a beaucoup d'estime dans le
monde, et qu'on prendra pour une espèce de témérité de
ce que j'en parle, comme d'un homme fort imaginatif et
peu judicieux. Mais c'est principalement à cause de cette
estime que j'ai entrepris d'en parler, non par une espèce
d'envie ou par humeur, mais parce que l'estime qu'on
fait de lui touchera davantage les esprits et leur fera faire
attention aux erreurs que j'ai combattues. Il faut, autant
qu'on peut, apporter des exemples illustres des choses

qu'on dit lorsqu'elles sont de conséquence, et c'est quelquefois faire honneur à un livre que de le critiquer. Mais enfin je ne suis pas le seul qui trouve à redire dans les écrits de Sénèque ; car sans parler de quelques illustres[1] de ce siècle il y a près de seize cents ans qu'un auteur très judicieux a remarqué qu'il y avait peu d'exactitude dans sa philosophie[2], peu de discernement et de justesse dans son élocution[3], et que sa réputation était plutôt l'effet d'une ferveur et d'une inclination indiscrète de jeunes gens, que d'un consentement de personnes savantes et bien sensées[4].

Il est inutile de combattre par des écrits publics des erreurs grossières, parce qu'elles ne sont point contagieuses. Il est ridicule d'avertir les hommes que les hypocondriaques[5] se trompent, ils le savent assez. Mais si ceux dont ils font beaucoup d'estime se trompent, il est toujours utile de les en avertir, de peur qu'ils ne suivent leurs erreurs. Or il est visible que l'esprit de Sénèque est un esprit d'orgueil et de vanité. Ainsi puisque l'orgueil, selon l'Écriture, est la source du péché, *initium peccati superbia*, l'esprit de Sénèque ne peut être l'esprit de l'Évangile, ni sa morale s'allier avec la morale de Jésus−Christ, laquelle seule est solide et véritable.

Il est vrai que toutes les pensées de Sénèque ne sont pas

---

[1] *Illustre* ici se prend substantivement.

Enfin, après Arnauld, ce fut l'*illustre* en France
Que j'admirai le plus et qui m'aima le mieux.

(BOILEAU, *Sur le portrait du P. Bourdaloue.*) L'éloquent jésuite est rabaissé dans ces vers où on croyait l'exalter.

[2] « In philosophia parum diligens. » (*N. de M.*)

[3] « Velles eum suo ingenio dixisse, alieno judicio. » (*N. de M.*)

« On voudrait qu'il eût écrit avec son propre génie, mais avec le goût d'un autre. »

[4] « Si aliqua contempsisset, etc., consensu potius eruditorum quam puerorum amore comprobaretur. » (QUINTILIEN, l. X, ch. I.) (*N. de M.*)

« S'il avait su mépriser de faux ornements, il aurait eu pour lui plutôt le suffrage des hommes de goût que l'assentiment des jeunes gens. »

[5] « *Hypocondriaque*, homme mélancolique, ainsi nommé parce que l'hypocondrie était censée avoir son siège dans les hypocondres, parties latérales de l'abdomen situées sous les fausses côtes. » (LITTRÉ.)

fausses ni dangereuses [1]. Cet auteur se peut lire avec profit par ceux qui ont l'esprit juste, et qui savent le fond de la morale chrétienne. De grands hommes s'en sont servis utilement, et je n'ai garde de condamner ceux qui, pour s'accommoder à la faiblesse des autres hommes qui avaient trop d'estime pour lui, ont tiré des ouvrages de cet auteur des preuves pour défendre la morale de Jésus-Christ, et pour combattre ainsi les ennemis de l'Évangile par leurs propres armes.

Il y a de bonnes choses dans l'Alcoran [2] et l'on trouve des prophéties véritables dans les *Centuries* de Nostradamus [3]; on se sert de l'Alcoran pour combattre la religion des Turcs, et l'on peut se servir des prophéties de Nostradamus pour convaincre quelques esprits bizarres et visionnaires. Mais ce qu'il y a de bon dans l'Alcoran ne fait pas que l'Alcoran soit un bon livre, et quelques véritables explications des *Centuries* de Nostradamus ne feront jamais passer Nostradamus pour un prophète; et l'on ne peut pas dire que ceux qui se servent de ces auteurs les approuvent, ou qu'ils aient pour eux une estime véritable.

On ne doit pas prétendre combattre ce que j'ai avancé de Sénèque, en rapportant un grand nombre de passages de cet auteur, qui ne contiennent que des vérités solides et conformes à l'Évangile : je tombe d'accord qu'il y en a, mais il y en a aussi dans l'Alcoran et dans les autres méchants livres. On aurait tort de même de m'accabler de l'autorité d'une infinité de gens qui se sont servis de Sénèque, parce qu'on peut quelquefois se servir d'un livre que l'on croit impertinent, pourvu que ceux à qui l'on parle n'en portent pas le même jugement que nous.

Pour ruiner toute la sagesse des stoïques, il ne faut sa-

---

[1] Sénèque a été cité avec éloge par Malebranche lui-même.

[2] « On dit aussi *le Coran*, et sans doute mieux, puisque *al* est l'article arabe et signifie *le*, ce qui fait avec notre article une sorte de double emploi; mais *Alcoran* est consacré par l'usage, et *Coran*, bien que recommandé par les orientalistes, ne peut pas le bannir. » (LITTRÉ.)

[3] Michel de Nostredame, dit Nostradamus, habile médecin du xvi⁰ siècle, se crut le don de prédire l'avenir et composa des quatrains énigmatiques dont il publia sept *Centuries* à Lyon, en 1555.

voir qu'une seule chose, qui est assez prouvée par l'expérience et par ce que l'on a déjà dit : c'est que nous tenons à notre corps, à nos parents, à nos amis, à notre prince, à notre patrie par des liens que nous ne pouvons rompre, et que même nous aurions honte de tâcher de rompre. Notre âme est unie à notre corps, et par notre corps à toutes les choses visibles par une main si puissante, qu'il est impossible par nous-mêmes de nous en détacher. Il est impossible qu'on pique notre corps sans que l'on nous pique et que l'on nous blesse nous-mêmes, parce que, dans l'état où nous sommes, cette correspondance de nous avec le corps qui est à nous [1], est absolument nécessaire. De même il est impossible qu'on nous dise des injures et qu'on nous méprise sans que nous en sentions du chagrin, parce que Dieu nous ayant faits pour être en société avec les autres hommes, il nous a donné une inclination pour tout ce qui est capable de nous lier avec eux, laquelle nous ne pouvons vaincre par nous-mêmes. Il est chimérique de dire que la douleur ne nous blesse pas, et que les paroles de mépris ne sont pas capables de nous offenser, parce qu'on est au-dessus de tout cela. On n'est jamais au-dessus de la nature, si ce n'est par la grâce; et jamais stoïque ne méprisa la gloire et l'estime des hommes par les seules forces de son esprit.

Les hommes peuvent bien vaincre leurs passions par des passions contraires. Ils peuvent vaincre la peur ou la douleur par vanité; je veux dire seulement qu'ils peuvent ne pas fuir ou ne pas se plaindre, lorsque se sentant en vue [2] à bien du monde, le désir de la gloire les soutient et arrête dans leur corps les mouvements qui les portent à la fuite. Ils peuvent vaincre de cette sorte; mais ce n'est pas là vaincre, ce n'est pas là se délivrer de la servitude : c'est peut-être changer de maître pour quelque temps, ou plutôt c'est étendre son esclavage; c'est devenir sage, heu-

---

[1] Le corps n'est pas seulement à *nous*, il est *nous*, car il forme avec l'âme un même tout.

[2] *En vue à* :
Et leur dévotion, ou véritable ou feinte,
Sera partout *en vue* à ce Dieu tout-puissant.　(RACAN.)

reux, et libre seulement en apparence, et souffrir en effet
une dure et cruelle servitude. On peut résister à l'union
naturelle que l'on a avec son corps par l'union que l'on a
avec les hommes, parce qu'on peut résister à la nature par
les forces de la nature; on peut résister à Dieu par les
forces que Dieu nous donne. Mais on ne peut résister par
les forces de son esprit; on ne peut entièrement vaincre la
nature que par la grâce, parce qu'on ne peut, s'il est permis de parler ainsi, vaincre Dieu que par un secours particulier de Dieu.

Ainsi cette division magnifique de toutes les choses qui ne
dépendent point de nous et desquelles nous ne devons
point dépendre, est une division qui semble conforme à la
raison, mais qui n'est point conforme à l'état déréglé auquel le péché nous a réduits. Nous sommes unis à toutes
les créatures par l'ordre de Dieu, et nous en dépendons
absolument par le désordre du péché, de sorte que nous
ne pouvons être heureux. Lorsque nous sommes dans la
douleur et dans l'inquiétude, nous ne devons point espérer
d'être heureux en cette vie, en nous imaginant que nous
ne dépendons point de toutes les choses, desquelles nous
sommes naturellement esclaves. Nous ne pouvons être
heureux que par une foi vive et par une forte espérance
qui nous fasse jouir par avance des biens futurs; et nous
ne pouvons vivre selon les règles de la vertu et vaincre la
nature, si nous ne sommes soutenus par la grâce que
Jésus-Christ nous a méritée.

CHAPITRE V

Du livre de Montaigne.

Les *Essais* de Montaigne[1] nous peuvent aussi servir de preuve de la force que les imaginations ont les unes sur les autres : car cet auteur a un certain air libre; il donne un tour si naturel et si vif à ses pensées, qu'il est malaisé de le lire sans se laisser préoccuper. La négligence qu'il affecte lui sied assez bien et le rend aimable à la plupart du monde sans le faire mépriser; et sa fierté est une certaine fierté d'honnête homme, si cela se peut dire ainsi, qui le fait respecter sans le faire haïr. L'air du monde et l'air cavalier, soutenus par quelque érudition, font un effet si prodigieux sur l'esprit, qu'on l'admire souvent et qu'on se rend presque toujours à ce qu'il décide, sans oser l'examiner et quelquefois même sans l'entendre. Ce ne sont nullement ses raisons qui persuadent : il n'en apporte presque jamais des choses qu'il avance, ou pour le moins il n'en apporte presque jamais qui aient quelque solidité. En effet, il n'a point de principes sur lesquels il fonde ses raisonnements, et il n'a point d'ordre pour faire les déductions de ses principes. Un trait d'histoire ne prouve pas, un petit conte ne démontre pas; deux vers d'Horace, un apophtegme de Cléomènes ou de César ne doivent pas persuader des gens raisonnables : cependant ces *Essais* ne sont qu'un tissu de

---

[1] Michel de Montaigne (Malebranche et la Bruyère écrivent *Montagne,* qui est encore la prononciation du Périgord), né au château de Montaigne, en Périgord, en février 1533, mort en septembre 1592.

Les *Essais* furent publiés pour la première fois en 1587. La fille adoptive de Montaigne, Mˡˡᵉ de Gournay, a donné, en 1595, sur les manuscrits mêmes de Montaigne et avec ses dernières corrections, une édition des *Essais* qui a été regardée avec raison comme la plus fidèle de toutes.

traits d'histoire, de petits contes, de bons mots, de distiques et d'apophtegmes.

Il est vrai qu'on ne doit pas regarder Montaigne dans ses *Essais* comme un homme qui raisonne, mais comme un homme qui se divertit, qui tâche de plaire, et qui ne pense point à enseigner ; et si ceux qui le lisent ne faisaient que s'en divertir, il faut tomber d'accord que Montaigne ne serait pas un si méchant livre pour eux. Mais il est presque impossible de ne pas aimer ce qui plaît, et de ne pas se nourrir des viandes qui flattent le goût. L'esprit ne peut se plaire dans la lecture d'un auteur sans en prendre les sentiments, ou tout au moins sans en recevoir quelque teinture, laquelle se mêlant avec ses idées, les rende confuses et obscures.

Il n'est pas seulement dangereux de lire Montaigne pour se divertir, à cause que le plaisir qu'on y prend engage insensiblement dans ses sentiments, mais encore parce que ce plaisir est plus criminel qu'on ne pense. Car il est certain que ce plaisir naît principalement de la concupiscence, et qu'il ne fait qu'entretenir et que fortifier les passions, la manière d'écrire de cet auteur n'étant agréable que parce qu'elle nous touche et qu'elle réveille nos passions d'une manière imperceptible.

Il serait assez inutile de prouver cela dans le détail, et généralement que tous les divers styles ne nous plaisent ordinairement qu'à cause de la corruption secrète de notre cœur[1] ; mais ce n'en est pas ici le lieu, et cela nous mènerait trop loin. Toutefois, si l'on veut faire réflexion sur la liaison des idées et des passions dont j'ai parlé aupara-

---

[1] Malebranche est ici en pleine exagération rigoriste et pessimiste ; Bossuet, qui prononce de si terribles arrêts contre ceux qui ne rapportent point à leur but suprême les travaux de l'esprit, se garde bien de pareils excès. (*Traité de la concupiscence*, ch. xviii.) Il est vrai qu'un certain beau, un beau mondain et sensuel (ce qu'une grande âme appelait *la vaine apparence*), flatte *la corruption secrète de notre cœur*; qu'on renonce à ce beau, à la bonne heure; mais, comme ajoutait celle que j'ai citée : « ... La poésie n'y perdrait rien, si le monde était chrétien ; car Dieu est le plus grand des poètes après tout. » (Mme la duchesse DE BROGLIE.)

vant [1], et sur ce qui se passe en soi-même dans le temps que l'on lit quelque pièce bien écrite, on pourra reconnaître en quelque façon que si nous aimons le genre sublime, l'air noble et libre de certains auteurs, c'est que nous avons de la vanité et que nous aimons la grandeur et l'indépendance; et que ce goût que nous trouvons dans la délicatesse des discours efféminés n'a point d'autre source qu'une secrète inclination pour la mollesse et pour la volupté; en un mot, que c'est une certaine intelligence pour ce qui touche les sens et non pas l'intelligence de la vérité, qui fait que certains auteurs nous charment et nous enlèvent comme malgré nous. Mais revenons à Montaigne.

Il me semble que ses plus grands admirateurs le louent d'un certain caractère d'auteur judicieux et éloigné du pédantisme, et d'avoir parfaitement connu la nature et les faiblesses de l'esprit humain. Si je montre donc que Montaigne, tout cavalier qu'il est, ne laissa pas d'être aussi pédant que beaucoup d'autres, et qu'il n'a eu qu'une connaissance très médiocre de l'esprit, j'aurai fait voir que ceux qui l'admirent le plus n'auront point été persuadés par des raisons évidentes, mais qu'ils auront été seulement gagnés par la force de son imagination.

Ce terme *pédant* est fort équivoque, mais l'usage, ce me semble, et même la raison veulent qu'on appelle pédants ceux qui, pour faire parade de leur fausse science, citent à tort et à travers toutes sortes d'auteurs, qui parlent simplement pour parler et pour se faire admirer des sots, qui amassent sans jugement et sans discernement des apophtegmes et des traits d'histoire pour prouver ou pour faire semblant de prouver des choses qui ne se peuvent prouver que par des raisons.

Pédant est opposé à raisonnable, et ce qui rend les pédants odieux aux personnes d'esprit, c'est que les pédants ne sont pas raisonnables; car les personnes d'esprit aimant naturellement à raisonner, ils ne peuvent souffrir la con-

[1] Chap. dern. de la Iʳᵉ partie de ce livre. (*N. de M.*)

versation de ceux qui ne raisonnent point. Les pédants ne peuvent pas raisonner parce qu'ils ont l'esprit petit, ou d'ailleurs rempli d'une fausse érudition ; et ils ne veulent pas raisonner, parce qu'ils voient que certaines gens les respectent et les admirent davantage lorsqu'ils citent quelque auteur inconnu et quelque sentence d'un ancien, que lorsqu'ils prétendent raisonner. Ainsi leur vanité, se satisfaisant dans la vue du respect qu'on leur porte, les attache à l'étude de toutes les sciences extraordinaires qui attirent l'admiration du commun des hommes.

Les pédants sont donc vains et fiers, de grande mémoire et de peu de jugement, heureux et forts en citations, malheureux et faibles en raisons, d'une imagination vigoureuse et spacieuse, mais volage et déréglée, et qui ne peut se contenir dans quelque justesse.

Il ne sera pas maintenant fort difficile de prouver que Montaigne était aussi pédant que plusieurs autres, selon cette notion du mot pédant, qui semble la plus conforme à la raison et à l'usage ; car je ne parle pas ici de pédant à la longue robe, la robe ne peut pas faire le pédant[1]. Montaigne, qui a tant d'aversion pour la pédanterie, pouvait bien ne porter jamais robe longue, mais il ne pouvait pas de même se défaire de ses propres défauts. Il a bien travaillé à se faire l'air cavalier[2], mais il n'a pas travaillé à se faire l'esprit juste, ou pour le moins il n'y a pas réussi. Ainsi il s'est plutôt fait un pédant à la cavalière et d'une espèce toute singulière, qu'il ne s'est rendu raisonnable, judicieux et honnête homme[3].

Le livre de Montaigne contient des preuves si évidentes de la vanité et de la fierté de son auteur, qu'il paraît peut-être assez inutile de s'arrêter à les faire remarquer ; car il

[1] Le trait est joli.

[2] L'air aisé, dégagé.

[3] « L'honnête homme signifiait alors (au XVIIe siècle) l'homme de bonne compagnie; c'était à la fois le galant homme et l'homme du monde. Cette qualification emportait l'idée d'une certaine élégance de mœurs qui ne se prend que dans les habitudes un peu relevées. Le bon ton, la facilité de l'esprit et des manières en faisaient une partie indispensable. » (GUIZOT, Corneille et son temps, III. Scarron.)

faut être bien plein de soi-même pour s'imaginer, comme
lui, que le monde veuille bien lire un assez gros livre, pour
avoir quelque connaissance de nos humeurs. Il fallait nécessairement qu'il se séparât du commun, et qu'il se regar-
dât comme un homme tout à fait extraordinaire.

Toutes les créatures ont une obligation essentielle de
tourner les esprits de ceux qui les veulent adorer, vers
celui-là seul qui mérite d'être adoré; et la religion nous
apprend que nous ne devons jamais souffrir que l'esprit et
le cœur de l'homme, qui n'est fait que pour Dieu, s'occupe
de nous et s'arrête à nous admirer et à nous aimer. Lorsque
saint Jean se prosterna devant l'Ange du Seigneur, cet
Ange lui défendit de l'adorer : Je suis serviteur[1], dit-il,
comme vous et comme vos frères. Adorez Dieu. Il n'y a
que les démons et ceux qui participent à l'orgueil des
démons qui se plaisent[2] d'être adorés; et c'est vouloir être
adoré, non pas d'une adoration extérieure et apparente,
mais d'une adoration intérieure et véritable, que de vouloir
que les autres hommes s'occupent de nous; c'est vouloir
être adoré comme Dieu veut être adoré, c'est-à-dire en
esprit et en vérité.

Montaigne n'a fait son livre que pour se peindre et pour
représenter ses humeurs et ses inclinations[3] : il l'avoue

---

[1] *Apoc.*, xix, 10. « Conservus tuus
sum, etc. Deum adora. » (*N. de M.*)
[2] *Se plaire de* se dit aussi.

Relevez, relevez les superbes portiques
Du temple où notre Dieu *se plaît* d'être
    adoré.
    (RACINE, *Esther*, acte III, sc. IX.)

[3] « Le sot projet que Montaigne
a eu de se peindre! et cela non pas
en passant et contre ses maximes,
comme il arrive à tout le monde
de faillir, mais par ses propres
maximes et par un dessein premier
et principal. » (PASCAL, *Pensées*.) Les
auteurs de la *Logique de Port-Royal*
ont porté sur Montaigne un jugement
non moins sévère que celui de
Pascal (III° part., ch. XIX). « Ne

semble-t-il pas, demande Sainte-
Beuve, ... que nos Messieurs présentent et voudraient étouffer d'a-
vance dans les *Essais* les *Confessions* de Jean-Jacques et toute cette
série d'ouvrages qui sont les *Confessions* de saint Augustin sécularisées
et profanées, des confessions sans
conversion, par amusement, par art,
par ennui? » (*Port-Royal*, livre III,
II.)

Le XVII° siècle n'a pas été seul à
porter sur l'auteur des *Essais* un
jugement sévère. « Il chatouille dans
notre cœur, » a dit S. de Sacy, « ce
fonds secret de mollesse et d'égoïsme
d'où découlent toutes nos faiblesses.
Jamais homme n'a donné de plus

lui-même dans l'avertissement au lecteur inséré dans toutes les éditions : « *C'est moi que je peins,* dit-il, *je suis moi-même la matière de mon livre.* » Et cela paraît assez en le lisant, car il y a très peu de chapitres entiers dans lesquels il ne fasse quelque digression pour parler de lui, et il y a même des chapitres entiers dans lesquels il ne parle que de lui. Mais s'il a composé son livre pour s'y peindre, il l'a fait imprimer pour qu'on le lût. Il a donc voulu que les hommes le regardassent et s'occupassent de lui, quoiqu'il dise *que ce n'est pas raison qu'on emploie son loisir en un sujet si frivole et si vain.* Ces paroles ne font que le condamner ; car s'il eût cru que ce n'était pas *raison* qu'on employât le temps à lire son livre, il eût agi lui-même contre le sens commun en le faisant imprimer. Ainsi on est obligé de croire ou qu'il n'a pas dit ce qu'il pensait, ou qu'il n'a pas fait ce qu'il devait.

C'est encore une plaisante excuse de sa vanité de dire qu'il n'a écrit que pour ses *parents et amis.* Car si cela eût été ainsi, pourquoi en eût-il fait faire trois impressions ? Une seule ne suffisait-elle pas pour ses parents et pour ses amis ? D'où vient encore qu'il a augmenté son livre dans les dernières impressions qu'il en a fait faire, et qu'il n'en a jamais rien retranché, si ce n'est que la fortune secondait ses intentions [1] ? « *J'ajoute,* dit-il, *mais je ne corrige pas, parce que celui qui a hypothéqué au monde son ouvrage, je trouve apparence qu'il n'y ait plus de droit. Qu'il dit s'il peut mieux ailleurs, et ne corrompe la besogne qu'il a vendue. De telles gens il ne faudrait rien acheter qu'après leur mort ; qu'ils y pensent bien avant de se produire.*

magnifiques éloges à la vertu et n'a eu en même temps plus d'indulgence pour le vice : moyen admirable de nous flatter à la fois dans notre orgueil et dans nos penchants naturels. Le cynisme avec lequel Montaigne se dépouille quelquefois de tout voile nous rebuterait peut-être ; ses tirades éloquentes sur Socrate ou sur Caton nous rassurent. Lors-que, au contraire, l'écrivain et le penseur s'envolent jusqu'aux nues, n'ayez pas peur : l'homme va retomber bientôt sur la terre. Par l'imagination, Montaigne est Épaminondas ou Platon ; par le cœur, c'est tout au plus Épicure. » (*Variétés littéraires, etc. La Bruyère et Montaigne.*)

[1] Chap. IX, liv. III. (*N. de M.*)

Qui les hâte? Mon livre est toujours un, etc. » Il a donc voulu se produire et hypothéquer au monde son ouvrage, aussi bien qu'à ses parents et à ses amis. Mais sa vanité serait toujours assez criminelle, quand il n'aurait tourné et arrêté l'esprit et le cœur de ses parents et de ses amis vers son portrait, autant de temps qu'il en faut pour lire son livre.

Si c'est un défaut de parler souvent de soi, c'est une effronterie ou plutôt une espèce de folie que de se louer à tous moments, comme fait Montaigne; car ce n'est pas seulement pécher contre l'humilité chrétienne, mais c'est encore choquer la raison.

Les hommes sont faits pour vivre ensemble, et pour former des corps et des sociétés civiles[1]. Mais il faut remarquer que tous les particuliers qui composent les sociétés ne veulent pas qu'on les regarde comme la dernière partie du corps duquel ils sont. Ainsi ceux qui se louent, se mettant au-dessus des autres, les regardant comme les dernières parties de leur société, et se considérant eux-mêmes comme les principales et les plus honorables, ils se rendent nécessairement odieux à tout le monde, au lieu de se faire aimer et de se faire estimer.

C'est donc une vanité et une vanité indiscrète et ridicule à Montaigne de parler avantageusement de lui-même à tous moments. Mais c'est une vanité encore plus extravagante à cet auteur de décrire ses défauts. Car si l'on y prend garde, on verra qu'il ne découvre guère que les défauts dont on fait gloire dans le monde, à cause de la corruption du siècle, qu'il s'attribue volontiers ceux qui peuvent le faire passer pour esprit fort[2], ou lui donner l'air

---

[1] Malebranche accorde l'adjectif avec le dernier des substantifs nommés, quoique féminin. C'est ce que fait aussi Massillon. « Nos jugements et nos espérances sont-*elles* encore les mêmes? » (*Or. fun. du Dauphin, Exorde.*)

[2] « Les esprits forts savent-ils qu'on les appelle ainsi par ironie?

Quelle plus grande faiblesse que d'être incertain quel est le principe de son être, de sa vie, de ses sens, de ses connaissances, et quelle en doit être la fin? » (LA BRUYÈRE, *Des esprits forts.*) Quelle que soit l'affectation de pyrrhonisme que Malebranche reproche plus loin et justement à Montaigne, l'auteur

cavalier, et afin que, par cette franchise simulée de la con-
fession de ses désordres, on le croie plus volontiers lorsqu'il parle à son avantage. Il a raison de dire[1] *que se priser
et se mépriser naissent souvent de pareil air d'arrogance.*
C'est toujours une marque certaine que l'on est plein de
soi-même ; et Montaigne me paraît encore plus fier et plus
vain quand il se blâme que lorsqu'il se loue, parce que
c'est un orgueil insupportable que de tirer vanité de ses
défauts au lieu de s'en humilier. J'aime mieux un homme
qui cache ses crimes avec honte, qu'un autre qui les pu-
blie avec effronterie ; et il me semble qu'on doit avoir
quelque horreur de la manière cavalière et peu chrétienne
dont Montaigne représente ses défauts. Mais examinons
les autres qualités de son esprit.

Si nous croyons Montaigne sur sa parole, nous nous per-
suaderons que c'était un homme « *de nulle rétention,
qu'il n'avait point de gardoire, que la mémoire lui manquait du tout*[2] », mais qu'il ne manquait pas de sens et de
jugement. Cependant, si nous en croyons le portrait même
qu'il a fait de son esprit, je veux dire son propre livre,
nous ne serons pas tout à fait de son sentiment. « *Je ne
saurais recevoir une charge sans tablette,* dit-il, *et quand
j'ai un propos à tenir, s'il est de longue haleine, je suis
réduit à cette vile et misérable nécessité d'apprendre par
cœur mot à mot ce que j'ai à dire ; autrement je n'aurais
ni façon ni assurance, étant en crainte que ma mémoire
me vînt faire un mauvais tour.* » Un homme qui peut bien
apprendre mot à mot des discours de longue haleine, pour
avoir quelque façon et quelque assurance, manque-t-il
plutôt de mémoire que de jugement ? Et peut-on croire
Montaigne lorsqu'il dit de lui : « *Les gens qui me servent,
il faut que je les appelle par le nom de leurs charges ou de
leurs pays, car il m'est très malaisé de retenir des noms,
et si je durais à vivre longtemps, je ne crois pas que je*

des *Essais* n'était pas un *esprit fort,*
et sa fin l'a bien montré. Montaigne
avait le tort de mettre sa raison
d'un côté et sa foi de l'autre.

[1] Liv. III, ch. xiii. (*N. de M.*)
[2] Liv. II, ch. x ; liv. Ier, ch. xxiv ;
liv. II, ch. xvii. (*N. de M.*)

n'oubliasse mon nom propre. » Un simple gentilhomme qui peut retenir par cœur et mot à mot avec assurance des discours « *de longue haleine* », a-t-il un si grand nombre d'officiers qu'il n'en puisse retenir les noms? Un homme « *qui est né et nourri aux champs et parmi le labourage, qui a des affaires et un ménage en main* [1], *et qui dit que de mettre à nonchaloir* [2] *ce qui est à nos pieds, ce que nous avons entre nos mains, ce qui regarde de plus près l'usage de la vie, c'est chose bien éloignée de son dogme,* » peut-il oublier les noms français de ses domestiques? Peut-il ignorer, comme il dit, *la plupart de nos monnaies, la différence d'un grain à l'autre en la terre et au grenier, si elle n'est pas trop apparente, les plus grossiers principes de l'agriculture et que les enfants savent, de quoi sert le levain à faire du pain, et ce que c'est que de faire cuver du vin?* Et cependant avoir l'esprit plein de noms des anciens philosophes et de leurs principes, *des idées de Platon, des atomes d'Épicure, du plein et du vide* [3] *de Leucippus et de Démocritus, de l'eau de Thalès, de l'infinité de nature d'Anaximandre, de l'air de Diogènes, des nombres et de la symmétrie de Pygatoras, de l'infini de Parménides, de l'air de Museus, de l'eau et du feu d'Apollodorus, des parties similaires d'Anaxagoras, de la discorde et de l'amitié d'Empédocles, du feu d'Héraclite;* etc. Un homme qui, dans trois ou quatre pages de son livre, rapporte plus de cinquante noms d'auteurs différents avec leurs opinions, qui a rempli tout son ouvrage de traits d'histoire et d'apophtegmes entassés sans ordre, qui dit que « *l'Histoire et la Poésie sont son gibier en matière de livres* [4] »; qui se contredit à tous moments et dans un même chapitre, lors même qu'il parle des choses qu'il prétend le mieux savoir, je veux dire lorsqu'il parle des qualités de son esprit, se doit-il piquer d'avoir plus de jugement que de mémoire?

---

[1] Liv. II, ch. xvii. (*N. de M.*)
[2] *Nonchaloir* s'est dit pour *nonchalance.*
[3] Liv. II, ch. xii. (*N. de M.*)
[4] Liv. Ier, ch. xxv. (*N. de M.*)

Avouons donc que Montaigne était « *excellent en oubliance* », puisque Montaigne nous en assure, qu'il souhaite que nous ayons ce sentiment de lui, et qu'enfin cela n'est pas tout à fait contraire à la vérité. Mais ne nous persuadons pas sur sa parole, ou par les louanges qu'il se donne, que c'était un homme de grand sens et d'une pénétration d'esprit tout extraordinaire. Cela nous pourrait jeter dans l'erreur et donner trop de crédit aux opinions fausses et dangereuses qu'il débite avec une fierté et une hardiesse dominante, qui ne fait qu'étourdir et qu'éblouir les esprits faibles.

L'autre louange que l'on donne à Montaigne est qu'il avait une connaissance parfaite de l'esprit humain, qu'il en pénétrait le fond, la nature, les propriétés, qu'il en savait le fort et le faible, en un mot tout ce que l'on en peut savoir. Voyons s'il mérite bien ces louanges, et d'où vient qu'on est si libéral à son égard.

Ceux qui ont lu Montaigne savent[1] assez que cet auteur affectait de passer pour pyrrhonien[2], et qu'il faisait gloire de douter de tout. « *La persuasion de la certitude, dit-il, est un certain témoignage de folie et d'incertitude extrême; et n'est point de plus folles gens et moins philosophes que les philodoxes[3] de Platon.* » Il donne au contraire tant de louanges aux pyrrhoniens[4] dans le même chapitre, qu'il n'est pas possible qu'il ne fût de cette secte. Il était nécessaire de son temps, pour passer pour habile et pour galant homme, de douter de tout; et la qualité d'esprit fort dont il se piquait l'engageait encore dans ces opinions. Ainsi en le supposant académicien[5], on pourrait tout d'un coup le convaincre d'être le plus ignorant de tous les hommes, non seulement dans ce qui regarde la

---

[1] Liv. II, ch. xii. (*N. de M.*)

[2] *Pyrrhonien*, disciple de Pyrrhon, qui a donné son nom au scepticisme ou système du doute universel.

[3] « *Philodoxe*, l'homme qui suit des opinions, des vues, des apparences. » (Littré, *Additions et corrections.*)

[4] Un peu plus haut. (*N. de M.*)

[5] Les *académiciens*, philosophes qui firent dégénérer le platonisme en un scepticisme étroit et inconséquent.

nature de l'esprit, mais même en toute autre chose. Car
puisqu'il y a une différence essentielle entre savoir et douter, si les académiciens disent ce qu'ils pensent lorsqu'ils
assurent qu'ils ne savent rien, on peut dire que ce sont les
plus ignorants de tous les hommes.

Mais ce ne sont pas seulement les plus ignorants de tous
les hommes, ce sont aussi les défenseurs des opinions les
moins raisonnables. Car non seulement ils rejettent tout ce
qui est de plus certain [1] et de plus universellement reçu
pour se faire passer pour esprits forts, mais par le même
tour d'imagination, ils se plaisent à parler d'une manière
décisive des choses les plus incertaines et les moins pro-
bables. Montaigne est visiblement frappé de cette maladie
d'esprit; et il faut nécessairement dire que non seulement
il ignorait la nature de l'esprit humain, mais même qu'il
était dans des erreurs fort grossières sur ce sujet, supposé qu'il nous ait dit ce qu'il en pensait, comme il l'a dû
faire.

Car que peut-on dire d'un homme qui confond l'esprit
avec la matière, qui rapporte les opinions les plus extravagantes des philosophes sur la nature de l'âme sans les
mépriser, et même d'un air qui fait assez connaître qu'il
approuve davantage les plus opposées à la raison, qui ne
voit pas la nécessité de l'immortalité de nos âmes, qui
pense que la raison humaine ne la peut reconnaître, et qui
regarde les preuves que l'on en donne comme des songes
que le désir fait naître en nous : *Somnia non docentis,
sed optantis;* qui trouve à redire que tous les hommes
« *se séparent de la presse des autres créatures et se distinguent des bêtes* », qu'il appelle « *nos confrères et nos com-
pagnons* », qu'il croit parler, s'entendre et se moquer de
nous, de même que nous parlons, que nous nous entendons et que nous nous moquons d'elles; qui met plus de
différence d'un homme à un autre homme que d'un
homme à une bête, qui donne jusqu'aux araignées *déli-*

---

[1] « Ce qui est *de plus* remarqua- | (*Logique de Port-Royal*, Iʳᵉ part.,
ble dans ces termes complexes... » | ch. VIII.)

bération, pensement et conclusion; et qui après avoir soutenu que la disposition du corps de l'homme n'a aucun avantage sur celle des bêtes, accepte volontiers ce sentiment, « que *ce n'est point par la raison, par le discours et par l'âme que nous excellons sur les bêtes, mais par notre beauté, notre beau teint et notre belle disposition des membres, pour laquelle il nous faut mettre notre intelligence, notre prudence et tout le reste à l'abandon, etc.? »* Peut-on dire qu'un homme qui se sert des opinions les plus bizarres pour conclure « que *ce n'est point par vrai discours, mais par une fierté et opiniâtreté que nous nous préférons aux autres animaux »,* eût une connaissance fort exacte de l'esprit humin, et croit-on en persuader les autres [1] ?

Mais il faut faire justice à tout le monde, et dire de bonne foi quel était le caractère de l'esprit de Montaigne. Il avait peu de mémoire, encore moins de jugement, il est vrai; mais ces deux qualités ne font point ensemble ce que l'on appelle ordinairement dans le monde beauté d'esprit. C'est la beauté, la vivacité et l'étendue de l'imagination qui font passer pour bel esprit. Le commun des hommes estime le brillant et non pas le solide, parce que l'on aime davantage [2] ce qui touche les sens que ce qui

---

[1] Bossuet lui aussi a combattu le scepticisme de Montaigne. (*Connaissance de Dieu et de soi-même,* ch. v.) Ces différentes citations sont empruntées au chapitre des *Essais* intitulé : *Apologie de Raimond de Sebonde.* Montaigne y défend une *Theologia naturalis,* qu'à la demande de son père mourant il avait traduite « d'un espagnol baragouiné en terminaisons latines; » mais sa défense n'ébranle que trop les principes rationnels qui sont le nécessaire support de la foi.

[2] Le XVIIᵉ siècle a écrit *davantage que.* « Quel astre brille *davantage* dans le firmament *que* le prince de Condé n'a fait en Europe? » (Bos-

suet, *Or. fun. de Louis de Bourbon.*) « Voulez-vous être rare? Rendez service à ceux qui dépendent de vous; vous le serez *davantage* par cette conduite *que* par ne vous pas laisser voir. » (La Bruyère, *Des biens de fortune.*) Nos contemporains les plus épris de la langue du XVIIᵉ siècle n'ont pas évité cet accord. « Pourquoi M. Saint-Marc Girardin ne ferait-il pas comme tout le monde? Il a autant d'esprit que qui que ce soit et bien *davantage que* la plupart de ceux qui font ce qu'il vient de faire. » (S. de Sacy, *Variétés, etc. — Notices politiques et littéraires sur l'Allemagne,* par M. Saint-Marc Girardin.)

instruit la raison. Ainsi en prenant beauté d'imagination pour beauté d'esprit, on peut dire que Montaigne avait l'esprit beau et même extraordinaire. Ses idées sont fausses, mais belles ; ses expressions irrégulières ou hardies, mais agréables ; ses discours mal raisonnés, mais bien imaginés. On voit dans tout son livre un caractère d'original qui plaît infiniment ; tout copiste qu'il est, il ne sent point son copiste, et son imagination forte et hardie donne toujours le tour d'original aux choses qu'il copie. Il a enfin ce qu'il est nécessaire d'avoir pour plaire et pour imposer ; et je pense avoir montré suffisamment que ce n'est point en convainquant la raison qu'il se fait admirer de tant de gens, mais en leur tournant l'esprit à son avantage par la vivacité toujours victorieuse de son imagination dominante[1].

CHAPITRE VI

I. Des sorciers par imagination, et des loups-garous. —
II. Conclusion des deux premiers livres.

Le plus étrange effet de la force de l'imagination est la crainte déréglée de l'apparition des esprits, des sortilèges, des caractères, des charmes, des lycanthropes ou loups-garous[2], et généralement de tout ce qu'on s'imagine dépendre de la puissance du démon.

---

[1] Pascal, qui croyait moins que Malebranche à la raison, du moins à la raison discursive, n'a pas pour le pyrrhonisme de Montaigne cette juste et prévoyante sévérité. (*Entretien de Pascal avec M. de Saci sur Épictète et Montaigne.*)

[2] *Lycanthropes, loups-garous,* hommes qui se croyaient ou que l'on croyait transformés en loups.

Il n'y a rien de plus terrible ni qui effraye davantage l'esprit, ou qui produise dans le cerveau des vestiges plus profonds, que l'idée d'une puissance invisible qui ne pense qu'à nous nuire, et à laquelle on ne peut résister. Tous les discours qui réveillent cette idée sont toujours écoutés avec crainte et curiosité. Les hommes s'attachent à tout ce qui est extraordinaire, se font un plaisir bizarre de raconter ces histoires surprenantes et prodigieuses de la puissance et de la malice des sorciers, à épouvanter les autres et à s'épouvanter eux-mêmes. Ainsi il ne faut pas s'étonner si les sorciers sont si communs en certains pays, où la créance du sabbat [1] est trop enracinée, où les contes les plus extravagants des sortilèges sont écoutés comme des histoires authentiques, et où l'on brûle comme des sorciers véritables les fous et les visionnaires dont l'imagination a été déréglée, autant pour le moins par le récit de ces contes que par la corruption de leur cœur.

Je sais bien que quelques personnes trouveront à redire que j'attribue la plupart des sorcelleries à la force de l'imagination, parce que je sais que les hommes aiment qu'on leur donne de la crainte; qu'ils se fâchent contre ceux qui les veulent désabuser, et qu'ils ressemblent aux malades par imagination, qui écoutent avec respect et qui exécutent fidèlement les ordonnances des médecins qui leur pronostiquent des accidents funestes. Les superstitions ne se détruisent pas facilement, et on ne les attaque pas sans trouver un grand nombre de défenseurs; et cette

---

[1] *Sabbat*, réunion de sorciers et de sorcières, tenue à minuit sur les montagnes ou dans les bois, sous la présidence du diable. D'après les superstitions populaires qui avaient inventé le sabbat, on se rendait à cette assemblée diabolique en chevauchant sur un bouc, sur un âne ou sur un manche à balai. « Dans les décrets des conciles qui ont défendu sous peine d'anathème la divination par les sorts, les sortilèges, les maléfices, etc., il n'y en a point qui regardent les prétendus *sorciers* qui vont ou qui croient aller au sabbat; preuve évidente que l'on a toujours méprisé cette imagination populaire. Ces décrets condamnent *tout pacte* avec le démon, mais il est évident qu'il faut entendre tout pacte réel ou imaginaire, puisque la volonté seule de le former est un crime. » (BERGIER, *Dictionnaire de théologie*, art. *Sorcellerie*.)

inclination à croire aveuglément toutes les rêveries des démonographes est produite et entretenue par la même cause qui rend opiniâtres les superstitieux, comme il est assez facile de le prouver. Toutefois cela ne doit pas m'empêcher de décrire en peu de mots comme je crois que de pareilles opinions s'établissent.

Un pâtre dans sa bergerie raconte après souper à sa femme et à ses enfants les aventures du sabbat. Comme son imagination est modérément échauffée par les vapeurs du vin et qu'il croit avoir assisté plusieurs fois à cette assemblée imaginaire, il ne manque pas d'en parler d'une manière forte et vive. Son éloquence naturelle, jointe à la disposition où est toute sa famille, pour entendre parler d'un sujet si nouveau et si terrible, doit sans doute produire d'étranges traces dans les imaginations faibles, et il n'est pas naturellement possible qu'une femme et des enfants ne demeurent tout effrayés, pénétrés et convaincus de ce qu'ils lui entendent dire. C'est un mari, c'est un père qui parle de ce qu'il a vu, de ce qu'il a fait; on l'aime et on le respecte: pourquoi ne le croirait-on pas? Ce pâtre le répète en différents jours. L'imagination de la mère et des enfants en reçoit peu à peu des traces plus profondes; ils s'y accoutument, les frayeurs passent et la conviction demeure; et enfin la curiosité les prend d'y aller. Ils se frottent de certaine drogue dans ce dessein, ils se couchent; cette disposition de leur cœur échauffe encore leur imagination, et les traces que le pâtre avait formées dans leur cerveau s'ouvrent assez pour leur faire juger dans le sommeil comme présents tous les mouvements de la cérémonie dont il leur avait fait la description. Ils se lèvent, ils s'entredemandent et s'entredisent [1] ce qu'ils ont vu. Ils se fortifient de cette sorte les traces de leur vision; et celui qui a l'imagination la plus forte persuadant mieux les autres, ne manque pas de régler en peu

---

[1] « Les rois des environs, alarmés des merveilles que le Seigneur vient d'opérer en faveur d'Israël, s'entre- disent, etc. » (MASSILLON, Or. fun. du Dauphin, Ire partie.)

de nuits l'histoire imaginaire du sabbat. Voilà donc des
sorciers achevés, que le pâtre a faits, et ils en feront un
jour beaucoup d'autres, si, ayant l'imagination forte et
vive, la crainte ne les empêche pas de conter de pareilles
histoires.

Il s'est trouvé plusieurs fois des sorciers de bonne foi,
qui disaient généralement à tout le monde qu'ils allaient
au sabbat, et qui en étaient si persuadés, que quoique plusieurs personnes les veillassent et les assurassent qu'ils n'é-
taient point sortis du lit, ils ne pouvaient se rendre à leur
témoignage.

Tout le monde sait que, lorsque l'on fait des contes d'apparition d'esprits aux enfants, ils ne manquent presque
jamais d'en être effrayés, et qu'ils ne peuvent demeurer
sans lumière et sans compagnie, parce qu'alors leur cerveau ne recevant point de traces de quelque objet présent,
celle que le conte a formée dans leur cerveau se rouvre,
et souvent même avec assez de force pour leur représenter comme devant leurs yeux les esprits qu'on leur a
dépeints. Cependant on ne leur conte pas ces histoires
comme si elles étaient véritables. On ne leur parle pas
avec le même air que si on était persuadé; et quelquefois
on le fait d'une manière assez froide et assez languissante.
Il ne faut donc pas s'étonner qu'un homme qui croit avoir
été au sabbat, et qui par conséquent en parle d'un ton
ferme et avec une contenance assurée, persuade facilement quelques personnes qui l'écoutent avec respect de
toutes les circonstances qu'il décrit, et transmette ainsi
dans leur imagination des traces pareilles à celles qui le
trompent.

Quand les hommes nous parlent, ils gravent dans notre
cerveau des traces pareilles à celles qu'ils ont. Lorsqu'ils
en ont de profondes, ils nous parlent d'une manière qui
nous en grave de profondes; car ils ne peuvent parler,
qu'ils ne nous rendent semblables à eux en quelque façon.
Les enfants dans le sein de leurs mères ne voient que ce
que voient leurs mères; et même lorsqu'ils sont venus au
monde, ils imaginent peu de choses dont leurs parents

n'en soient la cause [1], puisque les hommes même les plus sages se conduisent plutôt par l'imagination des autres, c'est-à-dire par l'opinion et par la coutume, que par les règles de la raison. Ainsi dans les lieux où l'on brûle les sorciers, on en trouve un grand nombre; parce que dans les lieux où on les condamne au feu, on croit véritablement qu'ils le sont, et cette croyance se fortifie par les discours qu'on en tient. Que l'on cesse de les punir et qu'on les traite comme des fous, et l'on verra qu'avec le temps ils ne seront plus sorciers; parce que ceux qui ne le sont que par imagination, qui sont certainement le plus grand nombre, reviendront de leurs erreurs.

I. Il est indubitable que les vrais sorciers méritent la mort, et que ceux mêmes qui ne le sont que par imagination ne doivent pas être réputés comme tout à fait innocents, puisque pour l'ordinaire ils ne se persuadent être sorciers que parce qu'ils sont dans une disposition de cœur d'aller au sabbat, et qu'ils se sont frottés de quelque drogue pour venir à bout de leur malheureux dessein. Mais en punissant indifféremment tous ces criminels, la persuasion commune se fortifie, les sorciers par imagination se multiplient, et ainsi une infinité de gens se perdent et se damnent. C'est donc avec raison que plusieurs parlements ne punissent point les sorciers : il s'en trouve beaucoup moins dans les terres de leur ressort; et l'envie, la haine et la malice des méchants ne peuvent se servir de ce prétexte pour perdre les innocents.

L'appréhension des loups-garous ou des hommes transformés en loups est encore une plaisante vision. Un homme par un effort déréglé de son imagination tombe dans cette folie, qu'il se croit devenir loup toutes les nuits. Ce dérèglement de son esprit ne manque pas de le disposer à faire toutes les actions que font les loups, ou qu'il a ouï dire qu'ils faisaient. Il sort donc à minuit de sa maison, il court les rues, il se jette sur quelque enfant s'il en rencontre, il le mord et le maltraite; et le peuple stupide et

---

[1] Pléonasme qui, au xviiᵉ siècle, était toléré.

superstitieux s'imagine qu'en effet ce fanatique devient loup, parce que ce malheureux le croit lui-même, et qu'il l'a dit en secret à quelques personnes qui n'ont pu le taire.

S'il était facile de former dans le cerveau les traces qui persuadent aux hommes qu'ils sont devenus loups, et si l'on pouvait courir les rues et faire tous les ravages que font ces misérables loups-garous, sans avoir le cerveau entièrement bouleversé, comme il est facile d'aller au sabbat dans son lit, et sans se réveiller, ces belles histoires de transformations d'hommes en loups ne manqueraient pas de produire leur effet comme celles que l'on fait du sabbat, et nous aurions autant de loups-garous que nous avons de sorciers. Mais la persuasion d'être transformé en loup suppose un bouleversement du cerveau bien plus difficile à produire que celui d'un homme qui croit seulement aller au sabbat, c'est-à-dire qui croit voir la nuit des choses qui ne sont point, et qui étant réveillé ne peut distinguer ses songes des pensées qu'il a eues pendant le jour.

C'est une chose assez ordinaire à certaines personnes d'avoir la nuit des songes assez vifs pour s'en ressouvenir exactement lorsqu'ils sont réveillés, quoique le sujet de leur songe ne soit pas de soi fort terrible. Ainsi il n'est pas difficile que des gens se persuadent d'avoir été au sabbat ; car il suffit pour cela que leur cerveau conserve les traces qui s'y font pendant le sommeil.

La principale raison qui nous empêche de prendre nos songes pour des réalités, est que nous ne pouvons lier nos songes avec les choses que nous avons faites pendant la veille ; car nous reconnaissons par là que ce ne sont que des songes. Or les sorciers par imagination ne peuvent reconnaître par là si leur sabbat est un songe. Car on ne va au sabbat que la nuit, et ce qui se passe au sabbat ne se peut lier avec les autres actions de la journée : ainsi il est moralement impossible de les détromper par ce moyen-là. Et il n'est point encore nécessaire que les choses que ces sorciers prétendus croient avoir vues au sabbat, gardent entr'elles un ordre naturel : car elles paraissent d'autant plus réelles, qu'il y a plus d'extravagance et de confusion dans leur suite. Il suffit donc, pour les tromper, que les idées des choses du sabbat soient vives et effrayantes; ce qui ne peut manquer, si on considère qu'elles représentent des choses nouvelles et extraordinaires.

Mais afin qu'un homme s'imagine qu'il est coq, chèvre, loup, bœuf, il faut un si grand dérèglement d'imagination, que cela ne peut être ordinaire, quoique ces renversements d'esprit arrivent quelquefois, ou par une punition divine, comme l'Écriture le rapporte de Nabuchodonosor, ou par un transport naturel de mélancolie [1] au cerveau, comme on en trouve des exemples dans les auteurs de médecine.

Encore que je sois persuadé que les véritables sorciers soient très rares, que le sabbat ne soit qu'un songe, et que les parlements qui renvoient les accusations de sorcellerie soient les plus équitables, cependant je ne doute point qu'il ne puisse y avoir des sorciers, des charmes, des sortilèges, etc., et que le démon n'exerce quelquefois sa malice sur les hommes par une permission particulière d'une puissance supérieure. Mais l'Écriture sainte nous apprend que le royaume de Satan est détruit; que l'ange du ciel a enchaîné le démon, et l'a enfermé dans les abîmes d'où il ne sortira qu'à la fin du monde; que Jésus-Christ a dépouillé ce fort armé, et que le temps est venu auquel le prince du monde est chassé hors du monde [2].

---

[1] « *Mélancolie*, terme d'ancienne médecine. Bile noire, humeur hypothétique, un des quatre éléments qui, suivant les anciens, constituaient le corps humain, et dont ils avaient placé le siège dans la rate... Dans la médecine actuelle, c'est la faculté de la monomanie qu'Esquirol a nommée *lypémanie* (aliénation mentale, caractérisée par une tristesse profonde). » (LITTRÉ.)

[2] Nul catholique ne contestera que le démon puisse accomplir des actions extranaturelles, et que des hommes pervers puissent entrer en commerce avec lui; mais qu'il y ait un art magique proprement dit, un moyen régulier d'entrer en communication avec le démon et d'accomplir par son secours et d'une manière certaine et constante des effets prodigieux, c'est ce qui est nié par les plus graves théologiens. « Hæc ars quamdam dæmonis supponit omnipræsentiam, liberrimum in res creatas dominium atque in promisso servando fidelitatem. » (R. P. HURTER, S. J. *Theol. dogm. Compend.*, tr. VI, th. CXXXI.) Les sorciers étant à tout le moins des imposteurs qui

Il avait régné jusqu'à la venue du Sauveur, et il règne même encore, si on le veut, dans les lieux où le Sauveur n'est point connu; mais il n'a plus aucun droit ni aucun pouvoir sur ceux qui sont régénérés en Jésus-Christ; il ne peut même les tenter si Dieu ne le permet; et si Dieu le permet, c'est qu'ils peuvent le vaincre. C'est donc faire trop d'honneur au diable, que de rapporter des histoires comme des marques de sa puissance, ainsi que font quelques nouveaux démonographes, puisque ces histoires le rendent redoutable aux esprits faibles.

Il faut mépriser les démons comme on méprise les bourreaux; car c'est devant Dieu seul qu'il faut trembler : c'est sa seule puissance qu'il faut craindre. Il faut appréhender ses jugements et sa colère, et ne pas l'irriter par le mépris de ses lois et de son Évangile. On doit être dans le respect lorsqu'il parle, ou lorsque les hommes nous parlent de lui. Mais quand les hommes nous parlent de la puissance du démon, c'est une faiblesse ridicule de s'effrayer et de se troubler. Notre trouble fait honneur à notre ennemi. Il aime qu'on le respecte et qu'on le craigne ; et son orgueil se satisfait, lorsque notre esprit s'abat devant lui.

II. Il est temps de finir ce second livre, et de faire remarquer, par les choses que l'on a dites dans ce livre et dans le précédent, que toutes les pensées qu'a l'âme par

---

spéculaient sur la crédulité publique dans des intentions perverses, on avait le droit de les réprimer; la répression était terrible, comme l'étaient d'ailleurs la plupart des pénalités du passé. Que l'on ait trop souvent frappé sans discernement et sans justice, c'est un des faits les plus douloureux comme les plus indéniables de l'histoire. Le pape saint Grégoire VII réclamait auprès du roi de Danemark contre les châtiments barbares qu'on infligeait à de pauvres femmes accusées de sorcellerie. (*Epist.,* lib. VII, ep. XXI.) Les pays protestants n'ont pas sévi contre les sorciers avec moins de rigueur, tant s'en faut, que les pays catholiques; c'est dans la commune protestante de Glaris, en 1783, qu'eut lieu la dernière exécution connue pour crime de sorcellerie. L'Allemagne, en particulier, a été livrée à une sorte d'obsession qui voyait partout des sorciers. Deux jésuites, les PP. Tanner (mort en 1632) et Fr. Spée (mort en 1635), à leurs risques et périls, dénoncèrent les horreurs de ces procédures et en préparèrent l'abolition.

le corps ou par dépendance du corps sont toutes pour le corps, qu'elles sont toutes fausses ou obscures, qu'elles ne servent qu'à nous unir aux biens sensibles et à tout ce qui peut nous les procurer, et que cette union nous engage dans des erreurs infinies et dans de grandes misères, quoique nous ne sentions pas toujours ces misères; de même que nous ne connaissons pas les erreurs qui les ont causées. Voici l'exemple le plus remarquable.

L'union que nous avons eue avec nos mères nous a causé les plus grands maux, savoir : le péché et la concupiscence, qui sont l'origine de toutes nos misères. il fallait néanmoins que cette union fût aussi étroite qu'elle a été.

A cette union une autre a succédé, par laquelle les enfants tiennent à leurs parents et à leurs nourrices. Cette seconde union n'a pas été si étroite que la première, aussi nous a-t-elle fait moins de mal : elle nous a seulement portés à croire et à vouloir imiter nos parents et nos nourrices en toutes choses. Il est visible que cette seconde union nous était encore nécessaire, non comme la première pour la conformation de notre corps, mais pour sa conservation, pour connaître toutes les choses qui y peuvent être utiles, et pour disposer le corps aux mouvements nécessaires pour les acquérir.

Enfin l'union que nous avons encore présentement avec tous les hommes ne laisse pas de nous faire beaucoup de mal, quoiqu'elle ne soit pas si étroite, parce qu'elle est moins nécessaire à la conservation de notre corps. Car c'est à cause de cette union que nous vivons d'opinion, que nous estimons et que nous aimons tout ce qu'on aime et ce qu'on estime dans le monde, malgré les remords de notre conscience et les véritables idées que nous avons des choses. Je ne parle pas ici de l'union que nous avons avec l'esprit des autres hommes; car on peut dire que nous en recevons quelque instruction. Je parle seulement de l'union sensible qui est entre notre imagination et l'air et la manière de ceux qui nous parlent. Voilà comment toutes les pensées que nous avons par dépendance du corps sont toutes fausses, et d'autant plus dangereuses pour notre âme, qu'elles sont plus utiles à notre corps [1].

Ainsi tâchons de nous délivrer peu à peu des illusions de nos sens, des visions de notre imagination, et de l'impression que l'imagination des autres hommes fait sur notre esprit. Rejetons avec soin toutes les idées confuses que nous avons par la dépendance où nous sommes de notre corps, et n'admettons que les idées claires et évidentes que l'esprit reçoit par l'union qu'il a nécessairement avec le Verbe, ou la Sagesse et la Vérité éternelle, comme nous expliquerons dans le livre suivant, qui est de l'entendement ou de l'esprit pur.

[1] Non, toutes les pensées que nous avons par dépendance du corps ne sont pas toutes fausses, ni d'autant plus dangereuses à notre âme qu'elles sont plus utiles à notre corps. L'erreur de Malebranche, comme de Descartes, c'est de séparer ce que Dieu avait uni; c'est d'établir entre les deux éléments qui constituent l'homme un dualisme excessif. Ce spiritualisme timide et ombrageux provoquait d'avance, comme on l'a remarqué, les réactions d'une science qui avait le droit d'opposer à des *à priori* les faits qui attestent l'unité du composé humain, mais qui commettait la faute grossière et désastreuse de conclure au *monisme,* c'est-à-dire à l'unité de substance, et au monisme matérialiste.

FIN

TABLE DES MATIÈRES

LIVRE SECOND

DE L'IMAGINATION

CHAPITRE I

CHAPITRE V

SECONDE PARTIE

SUITE DE L'IMAGINATION

CHAPITRE VII

CHAPITRE VIII

TROISIÈME PARTIE

DE LA COMMUNICATION CONTAGIEUSE DES IMAGINATIONS FORTES

CHAPITRE I

CHAPITRE II

CHAPITRE III

16960. — Tours, impr. Mame.

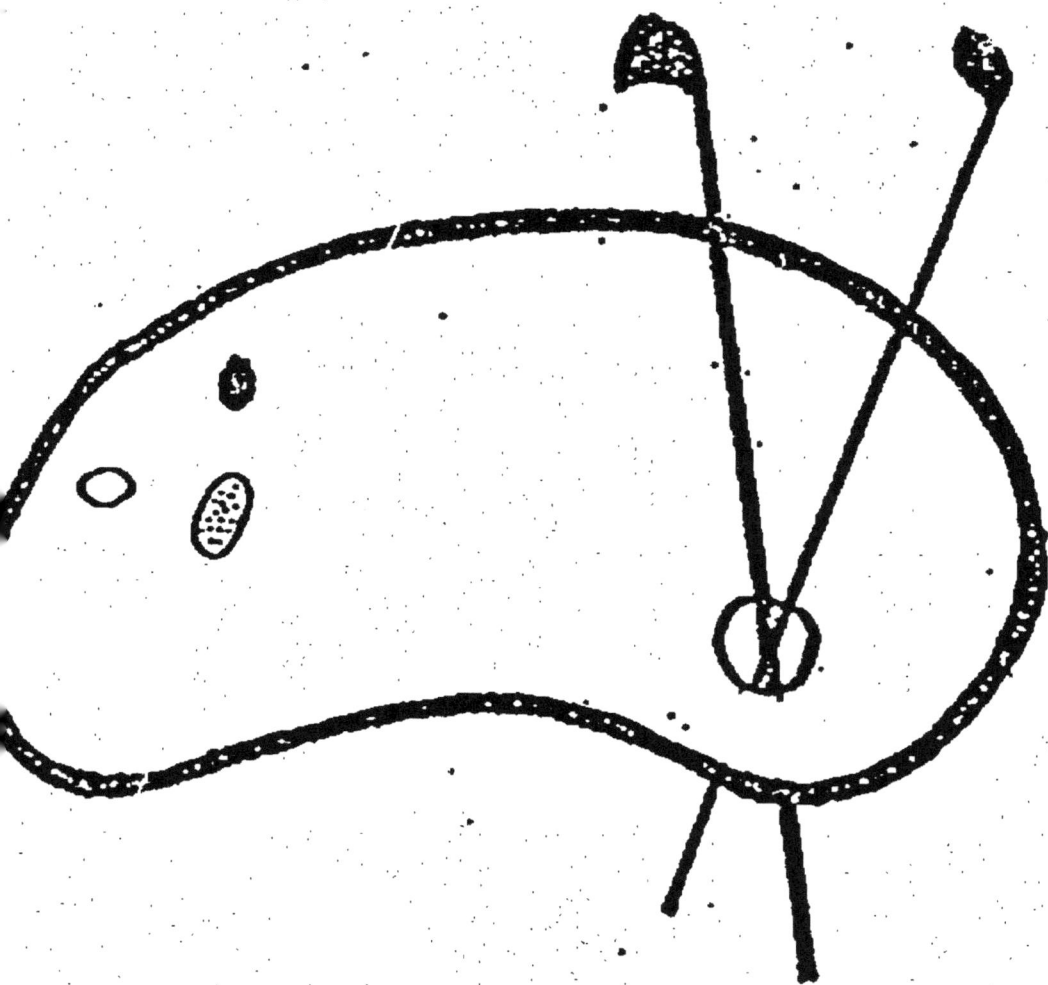

.

www.ingramcontent.com/pod-product-compliance
Lightning Source LLC
Chambersburg PA
CBHW072023080426
42733CB00010B/1802